红色货币简史

HONGSE
HUOBI
JIANSHI

朱安祥
白秦川
著

岳麓書社·长沙

前 言

1921年7月23日，中国共产党第一次全国代表大会在上海召开，宣告了中国共产党的正式成立。时至今日，中国共产党已经走过了百年历程，创造了四个伟大成就，并在带领中华民族实现伟大复兴的道路上奋勇前进！百年征程波澜壮阔，百年初心历久弥坚。当我们站在“两个一百年”的历史交汇点上，展望全面建设社会主义现代化国家新征程的同时，再次重温那些艰苦奋斗的峥嵘岁月，缅怀前辈烈士不屈不挠的英雄事迹，从历史中汲取宝贵经验，方能明理、增信、崇德、力行。这是我们撰写本书的目的与意义。

红色货币是指中国共产党在新民主主义革命时期，依托红色政权、人民军队、金融机构、商业组织、社会团体而印制、发行的流通货币。货币，是经济运行的血液。在新民主主义革命时期，红色货币发挥了十分关键的作用，它们不仅是革命战争取得胜利的经济保障，而且成为稳定根据地金融市场的重要支柱。可以说，红色货币为新中国经济的建立与发展贡献了不容忽视的重要力量。今天，虽然红色货币已经退出了流通领域，但我们有义务更有必要铭记这段红色货币发行史，并从中总结历史经验，方能更好地为当前经济、金融工作提供服务。

一、红色货币的发展历程

红色货币发轫于1926年12月，当时湖南省衡山县柴山洲特别区第一农民银行发行了一张白布银元票，这是我国最早的红色货币。实际上，红色货币的发行历程是与新民主主义革命相始终的。据相关资料统计：从1926年到1951年，中国共产党共建立了404个货币发行机构，累计发行了7种币材、514种名称、1741种版别的红色货币。

1924年，在中国共产党的积极努力下，第一次国共合作得以实现，经过两年多的发展，广东革命政权得到统一和巩固，全国工农革命运动空前高涨，为北伐战争奠定了良好的群众基础。1926年5月，以共产党员和共青团员为骨干的国民革命军第四军叶挺独立团，及第七军一部作为北伐先锋队，开赴湖南，揭开了北伐战争的序幕。在北伐军控制的区域，中国共产党发动农民运动，并建立农民协会。当时，广大农民遭受着高地租、高利贷以及各种苛捐杂税的剥削与压迫。因此，反对高利贷、建立为农民服务的信用机关便成为广大农民的迫切要求。中国共产党为支持这一要求，陆续开办了多家银行并发行了货币。

以现有的资料来看：当时由农民协会组建的货币发行机构有九家，它们的名称有的叫银行、信用合作社，有的直接称为经济组织或商会组织；从地理位置上看，这些货币发行机构均分布在湖南与湖北两省。农民协会发行的货币，属于临时兑换券性质，其兑换的对象则为市面上流通的“常洋”，也就是银元。至于这些兑换券的名称，可谓五花八门，有银元票、常洋券、临时兑换券、信用券、流通券、银行券、有期证券等多种称谓，其中比较著名的有“柴山洲特别区农民银行银元兑换券”“黄冈县农民协会信用合作社流通券”“鄂城县华容镇商民协会信用券”等。

北伐战争时期的红色货币具有发行时间短、机构级别低、流通区域窄等特点。从1926年底到1927年的“马日事变”，它们的实际发行时间仅有几个月，其中最高级别的发行机构属于县一级的农民协会，这与当时的国家银行、省级银行相比，级别较低。此外，由于农民协会多存在于贫困地区，面临着筹资困难等问题，因此货币发行机构的规模都不大，单就资本而言，最大者亦不过数万元。因此，上述货币的流通范围大都比较狭小，多数为一个乡，或是一个镇，最大流通区域为一县。

尽管如此，中国共产党此时已充分认识到金融工作在革命运动中的重要性。毛泽东在阐述农民运动“十四件大事”中明确指出，开展信用合作社是农民运动的一项重要任务。1927年1月，他又在参加醴陵县工农大会中指出：醴陵要成立筹产委员会，要成立地方银行，没收地主的金银财宝，存入地方银行。因此，农民银行不仅要以发放贷款、维持生活、扶植生产为目的，而且还要为党内活动、农运和北伐筹集资金，以增强革命实力。当时，中国共产党清楚地认识到：农民银行要制定自己的章程，要发行自己的货币，要由农会自己管理队伍。北伐战争时期，红色货币的发行经历，为此后中国共产党深入开展金融工作、组织经济斗争、制定货币政策，积累了重要的实践经验。

1927年，随着八一南昌起义的打响，中国工农红军开始组建。中国共产党通过武装斗争，先后在井冈山、湘南、赣南、闽西、湘鄂西、海陆丰、鄂豫皖、琼崖、闽浙赣、湘鄂赣、湘赣、左右江、川陕、陕甘、湘鄂川黔等地开辟了15个革命根据地，并进行了深刻的土地革命，最终建立了苏维埃政权。这一时期被称为土地革命时期。

土地革命期间，为了保障根据地经济的正常运行和工农业生产的有序发展，各地纷纷建立了自己的银行、合作社，并组建了近90个货币发行机构，累计发行6种币材、150余种名称的货币。其中，单就材质而言，包括了金币、银币、铜币、锡币、纸币、布币等六大类。

1929年至1932年间，革命根据地出现了蓬勃发展、欣欣向荣的局面，红色货币也有了长足的发展。此时期，共有8个根据地先后发行了96种货币，这中间不仅有县级红色政权发行的各类流通券，而且还出现了省级苏维埃政府发行的银行币，如江西工农银行币、闽西工农银行币与鄂西农民银行币等。特别值得一提的是：1932年2月，中华苏维埃共和国国家银行成立，标志着红色货币的发行权由分散向集中迈出了关键的一步。

土地革命时期的红色货币，可谓种类繁多、形式多样，其中银币是这一时期的主币，铜币和锡币为辅币。其实，无论是机制币还是纸币，都深深地打上了时代的烙印。马克思、列宁头像，以及红星、镰刀、锤子成为最流行的图案元素；各类支持苏维埃政权的口号、标语也被纷纷印在了纸钞之上；甚至共产党的执政纲领、经济政策也出现在这一时期的货币中。在设计和印制方面，虽然当时各地印钞厂面临着技术、设备落后的现状，却涌现出不少设计上别出心裁、独树一帜的佳作，如川陕省工农银行铜元票三串文券、中华苏维埃共和国国家银行一元券等。

1936年12月，西安事变和平解决，蒋介石同意停止内战、一致抗日。1937年7月7日，卢沟桥事变爆发后，中央红军改编为国民革命军第八路军，南方游击队改编为国民革命军新编第四军。至此，国共两党实行第二次合作。全面抗战时期，中国共产党在敌后创建了包括陕甘宁边区在内的19个抗日根据地，其中大多数根据地都发行了货币。这一时期的红色货币是以法币作为本位币而发行的，有的直接就是法币的辅币。

1940年底，国民政府无故停发八路军、新四军的军饷，并且对边区实行严格经济封锁。1941年初，国民党悍然发动了“皖南事变”。同时，日伪势力集中兵力对根据地进行“清乡”“扫荡”，致使革命根据地面积逐渐缩小，根据地的金融环境亦遭受严重破坏。在这种情况下，陕甘宁边区政府于1941年1月颁布法令，禁止法币在边区境内流通，并发行陕甘宁边区银行币，银行币日后逐渐成为边区的本位币。

抗日战争时期发行的红色货币，在1940年之前是以法币作为本位币而存在的，红色货币则属于法币的辅币。这种状况自1941年开始，逐步得到改善，各根据地纷纷建立了自己区域的本位币，如晋冀豫抗日根据地发行的冀南银行币，又称“冀钞”，作为冀南、太行、太岳三大战略区的法定本位币；胶东根据地发行的北海银行币，成了胶东根据地的本位货币，这种区域本位制货币是对土地革命时期独立自主货币系统的继承。大部分区域本位币延续使用到解放战争时期，有的直接与人民币相衔接，如西北农民银行币、北海银行币等。

土地革命时期的红色货币以金属货币为主，纸币与布币是作为银元的兑换券而发行的，因此二者之间形成了紧密的兑换关系。而抗日战争时期的红色货币，则不再兑换金属币，它是一类信誉货币，以大量商品物资、外汇和金银储备作为基础，由根据地政府立法推行。抗日根据地都是在敌后开辟和发展起来的，从地理位置上看，它与沦陷区和国统区存在着此消彼长、犬牙交错的状况。在经济上，根据地、国统区、沦陷区之间的交易往来无法避免，货币随之成为另外一个战场的斗争工具。1941年以前，根据地采取的是保护法币、打击伪币的政策。1941年以后，开始逐渐排斥法币、禁用伪币。中国共产党通过货币斗争，保护了根据地的金融和经济，支持了八路军、新四军的对日作战。

1945年8月15日，经过十四年的艰苦抗战，中国人民取得了抗日战争的伟大胜利。紧接着，国共两党举行谈判，双方签署了《双十协定》，全国人民等待着和平建国那一刻的到来。然而，国民党却背弃信义，公然调集重兵向解放区发动了大规模的军事进攻，解放战争由此全面展开。

在解放战争时期，红色货币的发行大体分为老解放区、新解放区两种情形。在老解放区，即原来的抗日根据地，继续发行之前的区域本位币，如陕甘宁边区银行币、西北农民银行币、晋察冀边区银行币、冀南银行币、鲁西银行币、北海银行币等。随着解放战争不断取得胜利，分散的解放区逐步连成一片，红色银行也不断地进行调整与合并。1947年11月，陕甘宁边区银行与西北农民银行合并，称为西北农民银行。1948年7月，晋察冀边区银行、冀南银行合并成立华北银行。1948年12月，华北银行、西北农民银行和北海银行合并，成立中国人民银行，从此，开启了人民币统一全国解放区的伟大进程。

1949年10月，人民币在中原地区收兑中州币。1949年底，通过收兑北海币、华中币，人民币的流通范围扩展到华东地区六省一市。随着昆明解放，人民币即随军进入华南、西南各地，陆续收回了南方人民银行币。1951年4月1日起，中国人民银行开始以人民币收兑东北地方流通券和内蒙古人民银行币，从而在东北和内蒙古地区实现了人民币统一的商品市场。1951年10月1日，中国人民银行又发行维吾尔文版人民币，并收回新疆省银行银元票。至此，人民币基本完成了统一全国货币的使命。

解放战争时期，红色货币完成了由区域本位币向全国本位币转变的准备工作，同时清除了国民党反动政府发行的法币与各类土杂钞票，并完全禁止了外国货币在中国境内的流通权，从根本上真正地维护了人民的利益。随着革命战争的不断胜利和解放区规模的继续扩大，此时期的印钞厂与造币厂接收了许多先进的印制设备和材料，更新了货币的印制技术，从而涌现出多种纸币精品。在新民主主义革命的历史上，中国共产党始终重视金融工作，并将发行货币放在至关重要的地位。红色货币的发行，为军事斗争和根据地建设提供了有力的资金支持和物资保障。

二、红色货币的历史贡献

在新民主主义革命时期，红色货币是革命斗争的重要武器之一，它在发展根据地经济、支援革命战争、防范敌伪掠夺资源、巩固红色政权等方面做出了不可磨灭的贡献。

我们先来看第一方面。由于帝国主义的侵略与封建军阀的混战，20世纪初的中国政权分裂、经济凋敝，“三座大山”更是沉重地压在中国人民的肩上。中国共产党成立后，发动了轰轰烈烈的工人运动和农民运动，如何解决农民长期遭受的政治压迫和经济剥削，成为亟须解决的问题。

1925年，广东、湖南、江西、湖北等地陆续出现了农民协会，有组织、有领导地开展了反对地主、豪绅的斗争，斗争的主要内容便是反对高额地租、抵制高利借贷。1926年，湖南省第一次农民代表大会通过了《农民银行决议案》，规定银行以“制止高利借贷，提倡平民储蓄，活跃地方金融，增进农工生活”为宗旨。1927年湖南省醴陵工农银行在成立决议中写道：“吾醴农工，因感经济困难，生活艰苦，利息高昂，无从借贷。二次代表大会决议，组织工农银行。”1930年，平江县工农兵苏维埃政府发布通告称：“平江自国民党烧杀清乡以还，农村经济破产，城市工商凋零，工人大批失业，贫民生计尢着。本府有见及此，深为忧灼，力筹良策，乃创办工农银行，实行低利借贷，发行票币，借以活跃社会金融及发展农业经济，开办矿山工厂及其他合作事业，庶乎工人贫民失业问题得以解决。”通过发行红色货币，平江县恢复了经济，纾解了民困。醴陵地方银行发钞后，有人兴奋地在银行大门贴起“八口无饥矣，乡人皆好之”的对联。

当时，市场上还存在小额货币缺乏、市场交易困难的问题。我们知道，农村革命根据地大都远离城市和金融中心，由于货币流通量小，导致有些地方出现无交易媒介可用的情况。因此，发行红色货币还可以有效地解决民众生活难题。1927年，鄂城县华容镇商民协会信用券发行，在该券的背面印有一则布告，称：“现因铜元缺乏，钞票难以折零，本会召集全体商民一致议决，暂出壹角小票，以便周转流通。”此外，长征中在遵义城发行的货币，也是为了解决民众购买盐巴的生活难题。

全面抗战初期，陕甘宁边区银行发行了小面额的延安光华商店代价券，以解决市场找零困难的问题。解放战争时期，皖西解放区原本使用法币，但因缺少交易筹码，以致粮食成为当地较为常见的交易媒介，使用极为不便。1948年10月，皖西区党委决定印制发行皖西流通券，有效地解决了市面上辅币短缺的难题，因而颇受群众欢迎。

红色货币发行之后，有力地打击了地主豪绅的高利贷盘剥，解决了根据地通货不足的社会难题，不仅恢复了当时商品流通的正常秩序，而且融通了农工产品的市场交易，在解决了民众生活困难的同时，激活了根据地金融市场，有力地推动了经济的快速发展。

再来看第二个方面。我们知道，革命的根本问题是政权问题，从共产党建立的那一天起，党的目标就是夺取政权、造福于民。建党初期，我党搞工人运动、农民运动，积极为夺取政权做准备。后来又与国民党合作进行国民革命，但是由于国民党的背叛而失败，同时也证明了这条道路是行不通的。因此，中国共产党只有建立自己的军队，通过武装斗争才能夺取政权。

进行武装斗争，要获得战争的胜利，除了要有枪杆子之外，还要有钱袋子作保障。俗话说：战争有三件宝，第一是金钱，第二是金钱，第三还是金钱。

红色货币是筹措革命经费的重要渠道之一。1927年南昌起义后，人民有了自己的军队，并逐渐开辟了革命根据地。根据地开创初期，红军的给养主要靠自筹解决，其主要来源还是依靠战争缴获和打土豪所得。此时，国民党反动派对红军发动了军事“围剿”，还对革命根据地实行经济封锁，致使红军的给养和群众的生活面临着很大困难，当时苏维埃政府的财政收入远不能满足军费的需要，因而只有靠银行发行货币来弥补。在当时的历史条件下，通过银行发行纸币来保障军费支出，是一种行之有效的办法，对于红军的壮大及粉碎国民党的“围剿”起了重要作用。

鄂豫皖省苏维埃银行以发行的货币来促进土产输出、米粮输入，从而解决了红军的粮食问题。川陕省工农银行以发行的货币购买枪支弹药，补充红军的装备。国家银行在长征路上，以纸币为媒介，将没收的食盐卖给当地群众，换回部队所必需的生活用品，补充了红军的供给。江西工农银行的建立正是为了支援第一次反“围剿”战争。1930年11月17日，江西省苏维埃政府发出为“应付阶级决战”的紧急通令，提出集中现金、节省开支以筹措战费。同时决定加速江西工农银行的筹备和成立。当时“红军的给养问题成了万分严重的问题，如果政府不能供给起码三十万元的现洋和足够三个月的油盐米，那么红军将无法执行他的任务”。在敌军兵临城下之时，面对生死存亡的危局，江西工农银行克服重重困难，印制发行“江西工农银行暂借发行券”，广泛发动赣西南革命根据地群众使用“发行券”，先后筹集大约200万元经费。在第一次反“围剿”战争中，红军所需的大批粮食、食盐等给养就是由这些暂借发行券筹集的。

闽浙赣省革命根据地从1931年5月到1934年12月，共发行100万元纸币来支援革命战争；陕甘宁边区银行自1941年2月至1944年6月底，共计发行货币约34亿元，其中的大部分均是用来支援革命战争；豫鄂边区建设银行自1941年5月至1945年共发行货币1.5亿元，其中7500万元用于部队及根据地各级政府的经费，6500万元用于购买战略物资。通过上述数据，我们可以看出红色货币的发行为人民军队和革命战争提供了十分重要的经济保障。

第三个方面是防范敌伪掠夺资源。货币是社会财富的一般表现，一个政权可以通过货币手段掠夺另一个政权的社会财富，这就是货币战争。抗日战争时期的对敌货币战争，就是同敌人争夺物资、保护边区的财富、稳定边区物价的斗争。抗日战争时期，革命根据地往往与敌伪区、国统区交叉存在，因此多种政权发行的货币同时流通就成为当时社会普遍存在的一类现状。敌伪政权在敌占区大量发行伪币，同时吸收法币，然后用法币去兑换美元和英镑。这种做法实际上直接损害了中国人民的根本利益。有鉴于此，抗日根据地通过发行本区红色货币的办法来打击伪币，同时也保护了法币。如此一来，不仅粉碎了敌人利用法币篡取我国物资的阴谋，而且缩小了伪币的使用空间，给根据地的经济建设提供了有力保障。

太平洋战争爆发之后，日本无法再用法币换取美元和英镑，于是开始迅速驱逐法币，把几十亿元法币，送到国民党大后方和抗日敌后根据地，妄图夺取根据地的革命物资。抗日敌后根据地果断采取措施，排挤法币、禁用伪币，通过大量发行抗日根据地的货币，以保护抗日根据地的经济和金融。

1945年日本投降后，清除伪币是货币斗争的一项重要内容。由于国民党勾结日伪，宣布伪币继续流通，企图阻挠红色货币占领新解放区的市场，并利用伪币在新解放区抢购物资。因此，中国共产党果断采取措施，大量发行红色货币，驱逐伪币，把吸收的伪币送到敌占区去回购物资，从而迅速地把伪币从新解放区排挤出去，使解放区群众免遭经济损失。

解放战争时期，由于国民党法币和金圆券急剧贬值，导致全国人民财产损失共计150亿银元以上。为了保护广大人民的根本利益，随着解放区的迅速扩大，解放军每占领一地，即彻底肃清国民党货币。具体办法是暂准使用、限期兑换，并不断调整兑换比价和期限，以避免受到金圆券迅速贬值而带来的损失。北平市解放后，1949年2月2日确定人民币与金圆券比价为1：10，限期20天兑换。1949年4月南京解放时，比价调整为1：2500，限期10天兑换。5月上海解放时，比价为1：10000，限期7天兑换。到1949年冬天，在全国已解放地区基本肃清了国民党政府货币。通过发行红色货币，有效地防范了敌伪掠夺资源的企图，从而在根本上保障了人民群众的利益，同时也使红色政权的根基更加稳固。巩固红色政权也成为红色货币的第四个历史贡献。

三、红色货币的现实意义

红色货币对革命战争的胜利与新中国的建立起到了举足轻重的作用，红色货币发行史也是中国革命史的有机组成部分。虽然这段历史已过去多年，但红色货币的发行经验，对我们今天的经济工作仍有深刻的借鉴意义。关于红色货币及其发行历史，我们今天还可以从哪些方面加以学习与继承呢？

首先，金融前辈舍生忘死、廉洁奉公的革命精神，值得大力弘扬与传承。在“创业艰难百战多”的时代，金融工作者不畏艰苦、甘于奉献，只为推翻帝国主义、反动军阀在中国的统治。他们拥有崇高的革命理想、坚定的政治信仰、健全的行事人格、清正的修身素养。土地革命时期，建银行、发货币的目的是打破高利贷，支持农民发展经济。在金钱面前，金融前辈们没有一丝一毫的私心杂念，为我们金融行业树立了光辉的榜样。

1927年5月，彭湃明确要创办农业银行，低息借钱给农民，他领导的金融机构，让农民实际承担利率仅在3%～4%，这是普惠性的金融，至今仍产生重要影响。毛泽民是中央苏区国家银行第一任行长，他经手的费用可谓成千上万，但他自己却始终一尘不染。他曾说：“奉党命做起各种经济工作，从未亏欠公家一个钱。”张其德历任赣东北特区苏维埃政府财政委员会副主席、赣东北特区贫民银行行长、赣东北省苏维埃银行行长、闽浙赣省苏维埃政府财政部部长、闽浙赣省苏维埃银行行长。他为人忠厚、廉洁奉公，长期管理财政、银行，手握重金，却恪守清贫生活，从不以权谋私。一次，妻子向他求取数元以补贴家用，遭严词拒绝，他说：“公家的钱，我一分一厘也不能动！”后来，彭湃、毛泽民、张其德等人均被敌人杀害，他们生前所体现出的革命精神与信仰之光，值得后人永远铭记。

其次，红色货币发行的实践经验，可为当今金融工作提供有益的历史借鉴。我们知道，经济是有规律的，货币流通也要遵循经济规律。货币史学家彭信威先生认为：“货币制度的善恶成败，既不在于钱形的美观与否，也不在于单位的大小轻重，而要看货币的购买力能否维持，使其不致搅扰人民的经济生活。”红色货币的成功经验，在于始终保持货币的购买力，中国共产党亦始终将货币信誉放在第一位。

红色货币都有一定的准备金作保证，这样才得到了苏区人民的支持和信任，诸如湘鄂西苏维埃政府规定：发行红色货币要有明确的储备和担保。红军作战缴获的硬币、外币和金银以及苏维埃政府所收公益费均作为储备基金，以保证币值的稳定。同时红色货币直接与银行挂钩，二者随时兑换，既保证了纸币的信誉，又颇受群众的支持，甚至白区商人来到苏区经商，也乐意使用苏区货币。

1932年中华苏维埃共和国湘赣省工农银行开业，共筹集资金6万元，其中有群众入股2万元。该行发行的纸币保证随时兑现，因信誉较高，迅速占领了市场，至该银行成立一周年之际，还向全体股员分红发息。1934年12月，川陕根据地开始收缩，部队决定战略转移之前，专门在中坝地区设置了一家分行，回收之前发行的纸币、布币，允许民众将其兑换成银元。这次兑换工作前后持续40天，虽然冒着被敌人发现的危险，但收回了群众手中绝大部分纸币和布币，有力地维护了红色货币的信誉。

土地革命时期以银元为本位，纸币代表银元在市场流通。纸币的信誉取决于能否随时兑现。根据地银行实行十足兑现的政策，保护群众利益。抗日战争和解放战争时期，实行不兑现的信用货币制度，这种制度是以币值是否稳定来考验发行者的信誉。根据地银行执行“一切为群众利益着想”的原则，一方面扩大货币发行，用来支持革命战争和发展生产；另一方面认真控制货币发行总量，建立以市场所需商品物资为主的货币发行准备金，力求达到币值和物价的相对稳定。在战争环境下通货膨胀是不可避免的，但与同一时期日伪货币和国民党货币相比，革命根据地货币的通货膨胀率要低得多。红色政权任何时候都要以人民群众的利益作为根本出发点，货币发行也要坚持这一原则。

最后，要始终坚持独立的货币体系。抗日战争初期的陕甘宁边区，在抗日民族统一战线旗帜下，根据国共两党协议，边区内一律使用国民政府发行的法币。因国民党政府只提供大额法币票券，市场找零困难，陕甘宁边区银行于1938年6月发行小面额的延安光华代价券，作为法币的辅币流通使用。此时，全国多个根据地发行的货币均属法币的辅币性质，并未形成自己的边区本位币。

边区本位币制度，是根据地纸币本位制度从分散到集中、最后统一的必由之路。当根据地打破了敌人分割包围的格局逐渐连成一片时，原来小块根据地分散发行货币的缺陷便会暴露出来，诸如货币种类繁多、版别复杂、票面不易识别、价值标准和货币购买力不一、容易被作假等问题，给市场商品交换和地区间物资交流带来极大不便，同时也给部队作战带来后勤供应问题。这种客观环境，就要求根据地建立起一个统一的货币制度，即区域本位币制度。抗日战争和解放战争时期的陕甘宁边区币、西北农民银行币、冀南币等币种，都是在集中统一过程中成为适应当地需要的区域本位币。

人民币本位制是红色货币本位制度发展演变的最终形式，是新中国唯一的法定货币本位制。人民币是集中统一的、独立自主的货币。所有公私款项收付，一切交易计价、记账，各种债权债务契约，赋税的缴纳等，均以人民币为本位币。黄金、白银和银元，由国家经营管理，禁止私相买卖和计价流通。禁止外国货币在境内流通。

总之，红色货币是革命史上的瑰宝，是革命先辈们用智慧创造和流血牺牲留给我们的一份极其宝贵的财富。我们应该珍惜这份财富，并继承、发扬、传播其中所蕴含的精神力量和科学方法。我们相信，通过学习红色货币历史，对于我们当下的社会建设、经济发展、反腐倡廉以及树立正确的人生观和价值观等都将起到重要的作用。

目 录

第一章
北伐战争时期的红色货币

清末民初，中华民族正处在一个前景黯淡的历史时期。此时，外有帝国主义的侵略，内有军阀割据，战乱频仍，人民群众生活在水深火热之中，彼时的中国在半殖民地半封建社会的深渊中愈陷愈深。辛亥革命之后，各种政治势力及其代表人物纷纷登场，先后尝试过复辟帝制、议会制、多党制、总统制等多种形式，但都没能找到正确道路，旧中国的社会性质和中国人民的悲惨命运没有得到根本改变。中国依然处于山河破碎、积贫积弱、列强横行、军阀纷争的状态。

1917年，俄国十月革命一声炮响，给中国送来了马克思列宁主义。中国的先进分子从中看到了解决中国问题的希望。李大钊是其中的代表人物。1919年5月4日，北京爆发了一场以青年学生为主，广大群众、市民、工商人士等阶层共同参与的爱国运动，这就是著名的五四运动。此后，中国无产阶级开始以独立的姿态登上政治舞台，并揭开了新民主主义革命的序幕。

马克思列宁主义在中国的广泛传播，为中国共产党的建立奠定了思想基础，同时工人运动的失败激化了阶级矛盾，使工人阶级意识到：要取得斗争的胜利，不仅需要有科学的、正确的理论武器，更需要组建一个团结的政党。1921年7月23日晚，中国共产党第一次全国代表大会在上海法租界望志路106号（现兴业路76号）正式开幕。（图一）参加会议的代表有：上海的李达、李汉俊，北京的张国焘、刘仁静，长沙的毛泽东、何叔衡，武汉的董必武、陈潭秋，济南的王尽美、邓恩铭，广州的陈公博，旅日的周佛海；包惠僧受陈独秀派遣，出席了会议。他们代表着全国50多名共产党员。共产国际代表马林和尼克尔斯基也出席了会议。这次会议的召开，标志着中国共产党的正式成立，它犹如一轮红日在东方冉冉升起，照亮了中国革命的前程。自从有了中国共产党，中国革命的面貌就焕然一新了。

图一　中共一大会址

第一节　湖南省农民协会货币

中国共产党成立后致力于组织领导工人运动和农民运动。1921年9月，浙江萧山衙前村农民大会胜利召开，中国第一个新型农民组织宣告成立。1922年7月，彭湃在广东海丰县成立了秘密农会。到了1923年5月，海丰、陆丰、惠阳三县很多地方都建立了农会，会员达到20多万人。“星星之火，可以燎原”，中国共产党领导的工农运动迅速壮大，其中湖南、湖北、江西、河南等省成为农民运动的重点发展区域。到1926年11月，湖南省就有54个县建立了农民协会组织。到了1927年4月，湖南省的农民协会会员更是多达518万人，几乎占全国农会成员数量的一半。

农民参与革命是为了打倒土豪劣绅、贪官污吏，以及推翻各种封建宗法思想和宗法制度。在打倒了地主之后，农民协会便成为唯一的权力机关。由于地主豪绅和富商在大潮下害怕革命，纷纷携带现金逃往外地，转移资金、关闭店厂，致使农村市场交易筹码十分缺乏，给农村经济和农民生活造成了极大困难。中国共产党人深入研究这一状况，于1926年12月在湖南省召开第一次农民代表大会，与会代表一致通过了两份重要决议，即《金融问题决议案》和《农民银行问题决议案》，针对当时市场货币混乱、高利贷横行等现象提出了具体解决办法，其中特别提出了建立农民银行的设想。

在湖南省农民协会的积极筹备下，柴山洲特别区农民银行、浏东平民银行、沅江工农银行、醴陵地方银行相继建立；同时在条件尚不成熟的地区，则组建了生产合作社、公有财产保管处等非银行性质的金融机构。到了1927年春天，湖南境内成立的农民银行与金融机构共有八家之多。农民银行建立后，为了促进商品流通、恢复市场秩序，便积极发行货币，这就是我国最早出现的红色货币。

（一）柴山洲特别区农民银行银元兑换券

衡山县是湖南省农民运动最先兴起的地方。柴山洲特别区位于衡山和湘潭交界的地方，地理位置偏僻，距离衡山和湘潭县城均较远。当地农民长期遭受地主豪绅的残酷剥削，生活极端贫困。

1926年1月，共产党员贺尔康受中共湘区区委(后改为湖南省委)的指派，到衡山开展农民运动。贺尔康到达衡山后，即深入到自然条件较差的柴山洲一带走访群众，宣传革命。不久，柴山洲就建立了秘密农会，并陆续发展了夏仁和、邹满、文海南、夏兆梅、萧雨成等人加入中国共产党，同时建立了衡山县第一个农村党支部。8月，衡山县柴山洲特别区农民协会正式成立。

农民协会成立之后，首要任务是维持农民的生活，帮助农民发展生产。为此，农会召集全体会员，加上国民党员、妇女协会、青年团共同讨论，决定按照共产党早期制定的农村金融政策主张，创办一家地区银行。会议选举夏兆梅等6人为筹备委员，主要任务是决定创办人选、筹集资金、准备文案等工作。

筹集资金的方式以向富户派捐为主。当时湖南省财政厅厅长刘岳峙的家乡就在距离柴山洲不过五六里的油麻村，筹备委员向刘岳峙家派捐了400块银元。最后共筹得现金5800余元。接下来，筹备委员会制定了《银行暂行章程》，并于1926年12月下旬召开了会员大会，正式确定银行名称为“柴山洲特别区第一农民银行”。农民银行的宗旨是“拥护无产阶级，维持生活，扶植生产”。行址设在柴山洲夏拜公祠。经全体农会会员投票选举，柴山洲特别区农民协会委员长文海南任经理、夏兆梅为副经理，夏俊生、夏仁和、夏荣华、陈金堂、刘美林、李贵廉、夏竹贤等人当选为监察员。

柴山洲特别区第一农民银行通过向贫苦农民发放贷款、向不法地主强制平粜谷米等方式，践行“维持生活，扶植生产”的办行宗旨。为了更好地实现物资流通，农民银行决定发行一种白布票。（图二）

图二　柴山洲特别区第一农民银行白布票

白布票共发行5000张，每张面值一元，与银元直接兑换。当时，市面上最常见的银元种类是“袁世凯像背嘉禾银币”，也就是民间俗称的“袁大头”（图三）。这种银元首次发行于民国三年（1914），是北洋政府实行银本位币制下的产物，后来陆续有铸造，成为民国时期最为流行的银元种类。白布票由当地特产白竹布裁成，票幅呈竖式，长约13厘米、宽6.5厘米，票面文字与面值系农会秘书文海云手写，并加盖了“柴山洲特别区第一农民银行”公章和经理文海南、副经理夏兆梅的私章。由于白布票在发行之前就预留好了准备金，可以随时兑现，因而受到当地民众的信任，大家乐于使用白布票进行交易。据还健在的老人回忆，1927年端午节时，当地农民还使用白布票欢欢喜喜地购买了端午节物品。

图三　中华民国三年银币

1927年5月21日，反动军官许克祥在湖南长沙发动反革命政变，又称“马日事变”。此后，国民党开始向湖南地区的农民协会发动袭击，很快衡山县也掀起了一阵反共浪潮，第一农民银行随之被反动派破坏。

在柴山洲特别区第一农民银行成立后不久，第二农民银行也紧随其后建立起来，具体建立时间是在1927年初。第二农民银行的宗旨是“节制资本，救济贫困”，行址设在油麻田刘家祠堂，肖雨成任经理，柳晋生任副经理，马观连任监察员。第二农民银行的准备金相对较少，仅有一千银元，但业务与第一银行是完全相同的。据当地人讲，第二农民银行也发行过面值为一元的白布票，其特征与第一农民银行白布票相类似，但至今并未见到实物。

柴山洲特别区第一农民银行银元票是新民主主义革命时期中国共产党领导的农民协会最早发行的货币，也是我国最早的红色货币，它为红色货币发行史揭开了光辉的第一页。特别值得一提的是，当时积极参与农民银行建设的同志大都为中共党员，他们洁身为公、一心为民，很多人在大革命失败后都献出了宝贵的生命。

金融人物：夏兆梅

夏兆梅，生年不详，本为衡山县柴山洲农民，为人正直，办事秉持公道。1926年初，共产党员贺尔康到柴山洲指导农民运动，秘密发展农会会员，培养发展了一批包括夏兆梅在内的农会积极分子为中共党员。柴山洲特别区第一农民银行成立后，夏兆梅任副经理（一说任经理）。此后，他积极发行货币，参与救济贫困行动，为农民运动做出了杰出贡献。1927年国民党叛变革命后，国民党清乡队在柴山洲夏拜公祠召集大会，对农会进行清算。夏兆梅认为自己“没落半个子，没犯半点错”，慷慨赴会。可一进祠堂，就被大绑入狱，后被枪杀在湘江岸边。

（二）浏阳浏东平民银行发行的货币

1926年，中国共产党领导发起的湖南省第一次农民代表大会通过了《农民银行问题决议案》，要求银行以“制止高利借贷，提倡平民储蓄，活泼地方金融，增进农工生活”为建设宗旨。7月，北伐军进入浏阳；8月，中共浏阳县委成立，县农民协会与县总工会相继成立。浏东地处湘赣边界，交通方便，自然条件较好，属于经济相对发达的地区。古港、高坪、永和、达浒、东门、张家坊六个区（团）是客家人聚居的地方，由于语言、风俗习惯等相同而关系密切，在此基础上组建了浏东六区农民协会。农民协会在共产党与省农民协会的领导下，同豪绅、地主展开了针锋相对的经济斗争。

1927年1月，浏阳浏东六区农民协会根据《农民银行问题决议案》，发起创办了浏东平民银行，同时创办合作社，发行货币，服务农友。行址位于县城朝阳街贵升公处，负责人为李明轩、汤佑贤，并设有监事会。《浏东平民银行试办章程》规定：“平民银行本信用合作社之旨，以制止高利借贷，提倡平民储蓄，活泼地方金融，增进农工生活为唯一之目的。”浏东地区的副业是生产竹木、花炮等，需要季节性的借贷，而地主豪绅的高利贷十分苛刻，严重阻碍了地区经济的发展。

有鉴于此，平民银行制定了一系列章程，规定浏东平民银行为股份有限公司，筹集股金6万元为银行的资本金。在六个区设分理处，每个分理处设经理、会计各一人，经办银行各项具体业务。以10元为整股，1元为零股，六个区平均各认1000整股，再由各区在本区范围内自行分配给工农商学各团体或私人。私人投资以1整股为限，防止私人资本以控股方式左右银行，从而体现孙中山“节制资本”的思想。章程又规定以六个区的公有不动产15万元为信用保证金。

为了进一步促进物资流通，平民银行发行了信用券和兑换券两种钞票，每种12万元，信用券面额二角，兑换券面额五角，明确合成10角即可兑换“常洋壹元”。在湖南地区，称袁大头银元为“光洋”，称龙洋、墨西哥鹰洋等旧银元为“常洋”。以常洋兑光洋须贴水若干，这是因为“光洋”的含银量较高，在实际流通中更容易获得市场认可。然而，湖南地方的光洋量少，流通更多的往往是常洋，因此信用券和兑换券主要是针对常洋而兑换发行的。

浏东平民银行信用二角券，正面系浅红底黑色套印，有圆形图案，

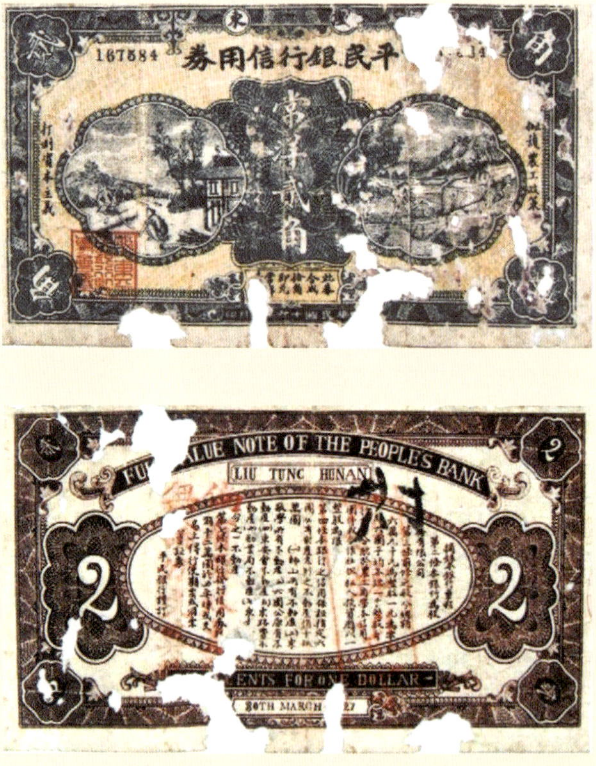

图四 浏东平民银行信用二角券

左为锯木，右为耕田，两边竖书“拥护农工政策”“打倒资本主义”的口号。背面为棕色，上方英文“平民银行信用券”及“湖南浏东”，下方英文内容为“100分兑1元”以及发行时间1927年3月30日。背面中央文字摘录于银行章程。（图四）在货币设计上，虽然信用券与当时其他官私钞票风格大体相同，但仍然体现出鲜明的革命气息，如印有“拥护农工政策、打倒资本主义”的口号；再如为体现孙中山“节制资本”的思想，票面上明确规定“私人投资应以一整股为限”。

浏东平民银行临时兑换五角券（图五），正面赭黄色，有房屋、街道、尖顶楼房等图案。背面墨绿色，中间文字摘录于《浏东平民银行试办章程》：“平民银行本信用合作社之旨，以制止高利借贷，提倡平民储蓄，活泼地方金融，增进农工生活为唯一之目的。”除了发行流通券和临时兑换券之外，根据目前见到的实物，还发现有一张“浏东平民银行承兑票”。该票发出单位为浏东生产贩卖合作社，面值为二元，正面印有“凭票发（花押）常洋弍圆整”“浏东平民银行照兑，丁卯（年）月即日，浏东生产贩卖合作社票”等字样；背面绿色，整版为房屋树木图案，中间有双旗图、孙中山头像及“浏东生产贩卖合作社票”字样，票首加盖“浏阳第八区五十□□农民协会之印”。（图六）

上述票券的发行，主要用于发放贷款、抵制高利贷，也用于维持农村日常金融流通。票币发行之后，农民协会宣布原来公钱局、商钱局发行的市票不准再继续使用，从而使浏东平民银行的票券迅速占领了浏阳市场。“马日事变”后，浏阳浏东平民银行同样遭到国民党反动派的破坏，尽管平民银行通过不断转移行址的办法，尝试躲避反动派的搜捕，但最终还是没能逃过一劫。尽管如此，浏阳浏东平民银行发行的货币却被完整地保存了下来，作为红色金融和革命史的实物见证，具有重要的历史价值。

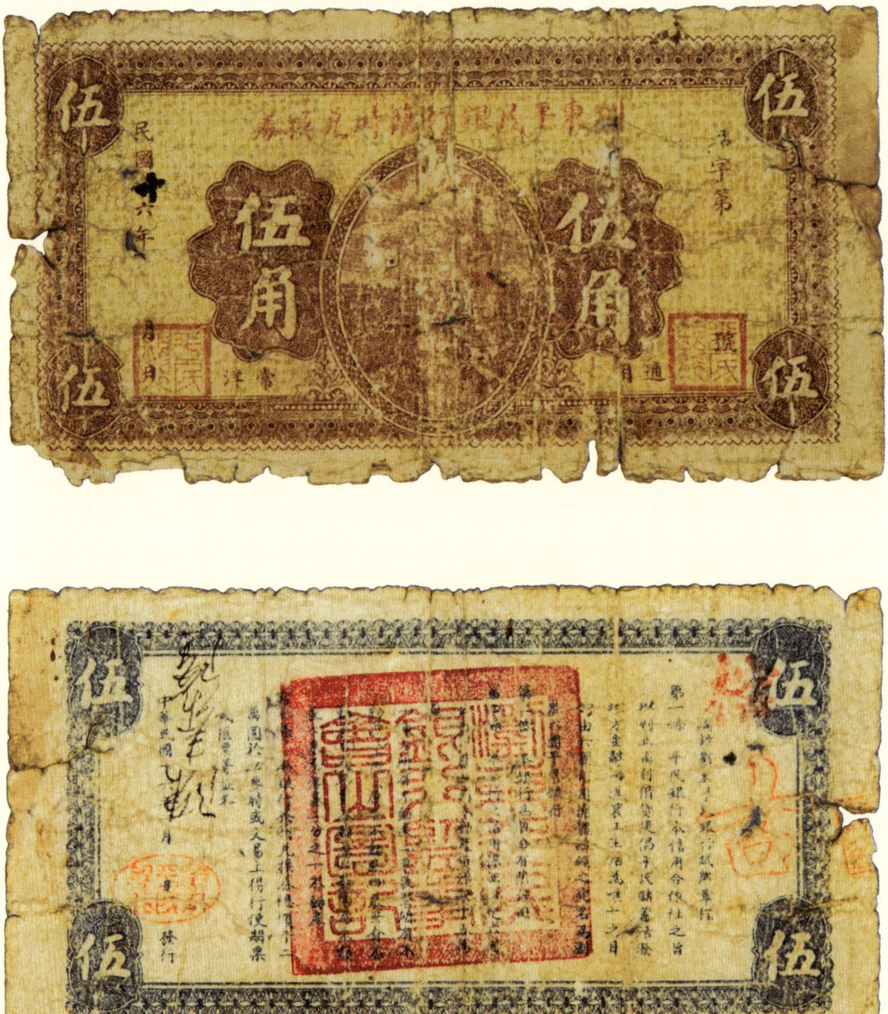

图五 浏东平民银行临时兑换五角券

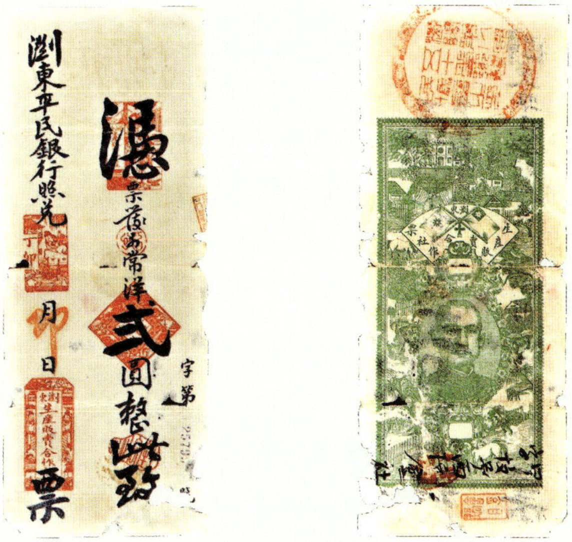

图六　浏东平民银行承兑票

（三）浏阳金刚公有财产保管处期票

金刚是浏阳南部的一个集镇，制作鞭炮是农民主要的家庭副业和经济来源。北伐军兴，农民运动高涨，镇上几家大的爆竹庄如谦达利、宋恒和、正兴元等的老板，携款逃到长沙、武汉等地，致使店铺关门，店员失业。农民生产的鞭炮无人收购，销路成为难题。农民生活也出现了困难。

为帮助群众解决鞭炮购销和运输问题，1927年2月金刚农民协会委员长何文渊、区党部委员李达卿以及农民运动特派员慕容伍等中共党员商议，召开金刚镇各公法团联席会议，并成立金刚公有财产保管处。保管处集中了镇上所有的祠堂、寺庙、桥会、路会等公有财产作为担保金，发行有期证券，以解决社会资金周转问题。具体方法是：保管处持券向农民收购花炮，然后由农民协会负责统一对外销售。待花炮售完之后，再用销售得到的现银去兑现农民手里持有的期票。3月开始发行，以3个月为期，有6月底兑现、7月底兑现、8月底兑现三种。期票单位为“常洋”，面额有一角、二角、一元三种。这种有期证券，既是筹集资金的凭证，又可当作货币流通使用，当时在金刚、大瑶等镇交易使用十分便利，群众信誉良好。

浏阳金刚公有财产保管处有期证券常洋一角券发行于1927年，正面赭红色，主景图案为楼阁、宝塔、农田、耕牛、山峦、树木等组合造型，两边各有“常洋壹角”字样；下方拼音内容为“泥中里”（或泥冲里）和

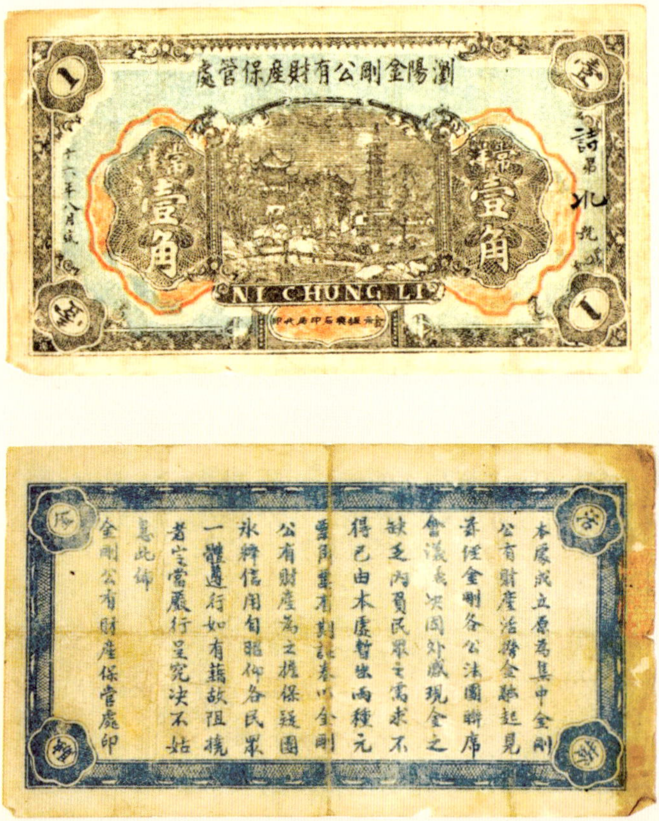

图七 浏阳金刚常洋一角券

“金市振兴石印局代印”。背面深蓝色，整版印有金刚公有财产保管处公告：“本处成立，原为集中金刚公有财产，活拨（泼）金融起见，兹经金刚各公法团联席会议议决，因外感现金之缺乏，内负民众之需求，不得已由本处暂出两种元票、角票有期证卷（券），以金刚公有财产为之担保，疑团冰释，信用自昭，仰各民众一体遵行。如有借故阻挠者，定当严行呈究，决不姑息。此布。”（图七）

（四）醴陵工农银行纸币

1927年3月8日，醴陵县第二次工农代表大会决定成立工农银行，推举农民协会副委员长唐伯先为筹备处主任。工农银行的准备金共有六万银元，主要是没收地主的财产。同年4月11日，《湖南民报》为此报道了筹备醴陵工农银行的消息：“吾邑农工，因感经济困难，生活艰苦，利息高昂，无从借贷，第二次代表大会，因此决议组织工农银行。兹又议决于县农协设立筹备处，推唐伯先为主任，已筹基金六万元云。”

工农银行行址设在城隍庙对面的县农会保管处内。银行发行了“醴陵工农银行”银元兑换券，面额有一角、二角、五角、一元四种，由当地文元堂印制，可以直接兑现。钞票印出后用株萍铁路局压车票的石印机压平，由于兑换券使用了毛边纸印刷，纸张不好，容易起毛，时间久了，字迹模糊。钞票仅限醴陵农会会员、工会会员使用。醴陵工农银行从成立到停办历时短暂，除发行票币外，其他业务基本上没有开展。

（五）浏南文市生产合作社纸币

浏阳南部文家市农民协会于1927年1月组织成立浏南文市生产合作社，该社为集生产、消费、信用三种职能于一体的机构。社址设在曹家祠堂，负责人有尤先锋、吴先进、陈盛桥、甘恩早、张功熟等。合作社代销各种杂货，负责豆类加工生产，同年3月发行了货币，名为常洋券，面额有一角、二角、五角、一元等四种。常洋券与银元直接挂钩，等值使用，如需到外地走亲访友或购买商品，可以兑换成银元。

浏南文市生产合作社常洋二角券发行于1927年。该币正面为浅黄色，底版紫色，椭圆形框内有民居、桥梁、河流、街景图案，下方印有“合成壹元照兑”和“袁州富绮石印代印”等字样。（图八）合作社纸币主要流通于浏阳南部的文家市一带。“马日事变”后，纸币被迫停止流通。因叛徒出卖，尤先锋、吴先进、陈盛桥等负责人在江西九江被敌人抓获而惨遭杀害。

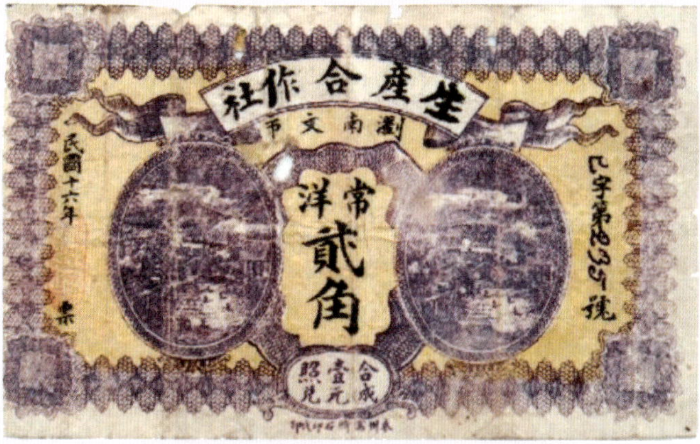

图八 浏南文市生产合作社常洋二角券

第二节　湖北省农会商会货币

1926年10月，北伐军占领武汉后，湖北省农民运动发展迅速。次年3月，湖北省农民协会第一次农民代表大会召开，正式成立了以共产党人陆沉为委员长、陈荫林为副委员长的湖北省农民协会。大会通过了《关于农村合作社问题决议案》，指出："各县农协应以没收之财产，迅即成立信用合作社……使农民便于借贷、储蓄。"为了适应经济斗争的需要，信用合作社在黄冈、麻城、广济、鄂城、汉川、咸宁等地区有序地发展起来，有的信用合作社不仅办理低息借贷，而且还发行了纸币。

（一）黄冈县农民协会信用合作社流通券

黄冈县位于武汉东部，是湖北省农民运动发展较快的一个县。北伐军进入黄冈后，黄冈县农民革命情绪高涨，于1926年10月在黄州召开了黄冈县农民代表大会，宣布"黄冈县农民协会"正式成立，陈防武任委员长。此后，本地区的农民协会如雨后春笋般出现，如回龙山、黄州、团风、上巴河、总路咀、但店、三里畈、淋山河、新洲、阳罗、旧街、仓埠、樊口等地均成立了农民协会。截至1927年3月，黄冈县已成立区级农会16处，分会260余处，发展会员超过十万人。

黄冈县农民协会组织成立的信用合作社，又称合作总社，社址位于团风镇，负责人为中共党员陈春林。各区、乡设有分社，三里畈、新洲等地叫作小银行。合作社的首要任务是调剂金融、发行货币。他们将没收土豪劣绅的钱财作为合作社基金，发行了铜元流通券50万串、银元流通券50万元。这里的面额“壹串”，本指1000文制钱，但当地人习惯称100文制钱为一串，所以铜元流通券中的“壹串”即指十枚十文铜元。

从目前发现的钱币实物来看，铜元券多于银元券，这是因为百姓日常生活基本上使用的都是铜元，一串则是常用面额。中国钱币博物馆收藏有一张“农民协会信用合作社流通券”，印刷精美，正面墨黄色，票面左右端加盖“黄冈县”三字，面值“壹串”，发行时间为“民国十六年（1927）”。从正面的数字编码来看，这种流通券的发行量并不少。背面呈红色，上端印有一长串拉丁字母，中央主景是一幅雄鹰地球图。（图九）

此前，人们对合作社流通券的背面持有两点疑问。首先，熟悉金融史、货币史的朋友都知道，雄鹰地球图是美商花旗银行钞票上的主景，花旗银行自1918年在上海发行货币以来，纸币上大都印有雄鹰地球图，可是为什么农民协会的流通券上也会出现呢？其次，流通券背面的拉丁字母，拼写混乱、文义不通，它是指代什么含义呢？有鉴于上述两个问题，甚至有人对该流通券的真实性提出了疑问。带着这两个问题，中国人民银行湖北金融研究所展开了深入调查，最后确认这枚流通券确实是当时印制的，但是由于黄冈地区缺少原材料与工具，无法自行制作钞版，只好借助其他钞票进行拼接刻制，工人不懂外文，便按照市面流通的几类纸币上的字母组合而成，所以造成拼写混乱的情况。至于雄鹰地球图，更是从花旗银行钞票中模仿而来，只是作为花纹装饰使用，并无特殊含义。

图九　农民协会信用合作社流通券

（二）鄂城县华容镇商民协会信用券

湖北省诸多区域在成立农民协会的同时，还有一些县、区、乡、镇建立了店员协会（如浏阳）与商民协会（如鄂城）。店员协会的成员是职工与学徒，商民协会的成员则由小商小贩构成。他们建立组织，依靠集体的力量互相扶助、互相救济，在经济上建立了紧密联系。商民协会与农民协会的性质是相同的，同属大革命时期由人民群众建立的革命团体，其组建目标依然是打倒地主豪绅，实现人民独立自主。

在当时诸多商民协会中，鄂城华容镇商民协会率先发行了纸币，即“商民协会信用券”。该券正面绿底蓝色，印有“鄂城县”“华容镇”“商民协会信用券”等文字与扬州文昌阁、武汉洪山宝塔图景。背面赭石色，中间框内为告示，内容如下：“现因铜元缺乏，钞票难以折零，本会召集全体商民一致议决，暂出壹角小票，以便周转流通，壹角可兑换铜元三十，拾张准换国币壹圆，亦俟铜元充足，照市价收兑，如有私刻伪造，送县究办。特此预白。”（图十）

图十 鄂城华容镇商民协会信用券

此券说明大革命时期不但农民协会发行过货币，商民协会也发行过货币。在风起云涌的农民运动中，地主豪绅纷纷逃跑，致使本地区出现金融停滞、现金外流、工商业陷入停顿的状况。这些票币的发行，对保护工农商民利益、解决市场找零困难、活跃地方经济均发挥了重要作用。

北伐战争时期发行的红色货币，具有时间短、级别低、规模小、流通区域狭窄等特点。其中最高级别的是县一级农民协会和商民协会发行的流通券，而它们的最大流通区域仅限于该县，这与当时由国家、省级金融部门发行的纸币比，级别明显要低。此外，由于农民协会多处在贫困地区，而且大都面临筹资困难等问题，因此流通券的发行规模都较小。但是，由于流通券均有实实在在的银元和实物担保，所以货币信誉较高，民众普遍乐于使用。

中国共产党在这一时期已经充分认识到金融在革命运动中的重要性。毛泽东在阐述农民运动“十四件大事”中明确提出，开展信用合作社是农民运动的一项重要任务。1927年1月，他又在醴陵工农大会上指出：醴陵要成立筹产委员会，要成立地方银行，没收地主的财产，存入地方银行。农民银行以发放贷款、维持生活、扶植生产为目的，同时又为党内活动、农运和北伐筹集资金，增强革命实力。

农民协会信用券的性质属于当时社会流通货币的兑换券，或是代用流通券，还不是自主货币。但是，它作为共产党在北伐战争时期的一次金融实践，不仅使党的领导人认识到了金融货币工作对政权建设的重要作用，而且还为此后在红色根据地创办自主货币积累了丰富的经验。

第二章
土地革命时期的红色货币

从1927年八一南昌起义，到1937年抗战全面爆发，中国共产党同国民党进行了十年武装斗争，史称“第二次国内革命战争”。在此期间，中国共产党在各地陆续建立了革命根据地，同时积极开展土地革命运动，在此基础上又成立了苏维埃政权，所以这十年又被学术界称为“土地革命时期”或“苏维埃时期”。苏维埃三字，来源于俄文“Совет”，原意为“代表会议”或“委员会”，又指俄国无产阶级于1905年开创的领导群众进行革命斗争的组织形式，它从俄国十月革命后开始传入中国，并被广泛接受与使用。

土地革命时期的工农政权被称为苏维埃政权，革命根据地被称为苏维埃地区，工农银行被称为苏维埃银行。中国共产党在国民党的重重包围和军事“围剿”中领导人民武装，先后开辟了井冈山、湘南、赣南、闽西、湘鄂西、海陆丰、鄂豫皖、琼崖、闽浙赣、湘鄂赣、湘赣、左右江、川陕、陕甘、湘鄂川黔等15个革命根据地，成立近90个金融机构，总计发行了6种币材、150余种名称的货币。当然，也有学者指出，土地革命时期红色货币的总数量超过200种。其实，这是一种正常现象，因为在当时有很多区乡级的红色金融机构也参与了货币发行工作，这类货币具有发行量少、流通区域窄等特点，它们在退出了流通领域之后，很快就因各种原因销声匿迹了，从而造成存世罕见的状况，这就使得我们很难统计清楚它们的具体数量。

第一节　早期苏维埃政权货币

大革命失败后，全国陷入白色恐怖之中，中国共产党遭受到严峻的考验。面对反动派的血腥屠杀，共产党人并没有被吓倒，反而以更激昂的精神面貌开启了对革命道路的新探索。1927年8月1日，南昌起义打响了武装反抗国民党反动派的第一枪。随后，起义军撤离南昌，起义军余部南下广东，在朱德、陈毅的率领下，转移到湘南地区，后发动湘南起义。毛泽东于9月9日发动了湘赣边界秋收起义，随后到敌人统治力量薄弱的农村山区开辟了新的战场。

在1928年底之前，中国共产党先后领导了一系列的武装起义，红军的规模迅速扩大，在此基础上，有些地区开始着手建立早期苏维埃政权，并发行了不同形式的货币。这些货币特色鲜明，很多都印有马克思、列宁头像，尽管它们发行数量较少、流通区域不广泛，但是它们犹如革命战线上的星星之火，为后来革命根据地金融事业的繁荣发展打下了坚实的根基。

（一）海陆丰根据地货币

海丰和陆丰两县位于广东省东江和韩江之间。1927年5月至10月，彭湃领导人民群众先后发动三次武装起义，紧接着建立起我国第一个苏维埃

图十一 海丰红场

政权，即海陆丰苏维埃政府。11月18日，在海丰县红场召开了工农兵苏维埃代表大会，当时会场四周的街道和墙壁都被群众刷成红色，大家都称之为“红场”。红场的大门口挂有一副浮雕对联，上书“铲除封建势力，实行土地革命”，特色鲜明地昭示着苏维埃政权的目标与任务。（图十一）

1928年1月28日，海丰县委向省委提出报告：“县委为使农产品输出，工业品易于流入，亦决定办一工农贩卖合作社，每一工农已决定捐出一角，同时并设工农银行发行纸币。”2月18日，海丰县召开第二次工农兵代表大会，苏维埃人民委员会发出布告，决议建立经济委员会，以陈子岐为主席领导财经工作。两日之后，劳动银行正式成立，行址设在海丰县南丰织造厂（位于红场隔壁，现为海丰县图书馆），银行负责人由经济委员会主席陈子岐兼任。

在劳动银行成立之前，南丰织造厂发行的银票曾在当地广泛流通。于是苏维埃政权便使用在银票上加盖“海陆丰人民委员会”印章的办法，推出了第一批根据地货币。此种银票当时的面值有一元、五元、十元三种，等到劳动银行自己的纸币印制完成后，银票持有人可以到银行兑换新钞。

1928年2月底，劳动银行印出了第一批纸币，据资料记载有一角、二角、五角、一元、五元等五种面值。但是还没有来得及正式发行，国民党便集结了大批兵力围攻海陆丰苏维埃政府，海丰县和陆丰县先后沦陷，苏维埃政府被迫撤到后方山区，劳动银行随之停业。至于这批刚印制完成的纸币，很有可能随战火而早已湮灭，至今未见实物。

金融人物：彭湃

彭湃，原名彭汉育，广东省汕尾市海丰县人。1917年留学日本早稻田大学，矢志革命，作诗明志："磊落奇才唱大同，龙津水浅借潜龙。愿消天下苍生苦，尽入尧云舜日中。"1921年加入中国社会主义青年团，1924年转入中国共产党。1927年10月，在广东海陆丰地区领导武装起义后，建立了海丰、陆丰县苏维埃政府，该政府系中国第一个苏维埃政权。彭湃主持制定了《没收土地案》，率先在海陆丰地区开展了具有重大历史意义的土地革命，这是中国共产党在土地革命中最早颁布的土地法规。同时，他又倡议建立"海陆丰劳动银行"，并积极发行货币，为发展根据地经济建设不懈奋斗。彭湃是中国共产党早期农民运动领导人，被毛泽东称为"农民运动大王"、中国农民运动的领袖。1929年8月24日，由于叛徒出卖，彭湃被捕，8月30日在上海龙华英勇就义，时年仅33岁。

（二）湘南根据地货币

1928年1月，朱德、陈毅、王尔琢率领南昌起义军余部近800人从粤北转至湘南宜章县境，同当地共产党组织取得联系之后，智取宜章城，揭开了湘南起义的序幕。2月4日，起义军占领湘南重镇郴县，并成立苏维埃政府，人民群众积极参加工农革命军和农军，革命武装队伍迅速扩大。接下来，宜章、资兴、永兴、耒阳、安仁、茶陵、衡阳等县的农民也纷纷举行起义，陆续建立了多个县级苏维埃政权。

3月中旬，湘南特委在永兴县太平寺召开湘南工农兵代表大会，宣布成立湘南苏维埃政府。3月下旬，国民党军七个师向湘南地区反扑。为了进一步保存革命力量，朱德、陈毅、王尔琢率工农革命军于4月上旬撤出湘南地区，向井冈山革命根据地转移。不久，便同毛泽东领导的工农革命军会师。湘南起义把武装斗争与工农运动紧密结合起来，在发动群众斗争的同时，还组织了大批工农武装，有力地发展了工农革命军的力量。

1928年2月19日，耒阳工农兵苏维埃政府在耒阳县城杜陵书院成立，刘泰任主席，徐鹤、李树一任副主席。为了适应复杂的政治斗争和严峻的经济形势，湘南各县苏维埃政权相继成立了财经委员会和土地委员会。财经委员会包括财务、经济、粮食等部门，负责筹集粮款，提供军需费用。土地委员会则负责开展土地革命，没收地主田产、分配土地。金融方面，耒阳工农兵苏维埃政府于1928年2月下旬发行了面值为一元的“耒阳工农兵苏维埃政府劳动券”，总数一万元。

劳动券正面印有马克思、列宁像，中间为“壹圆”，下有耒阳县苏维埃主席刘泰和副主席徐鹤、李树一的签名及“中华苏维埃元年印”字样。背面钤有耒阳工农兵苏维埃政府之印。（图十二）该券的设计颇具特色：首先，它第一次把马克思、列宁头像作为主图放在了根据地纸币上，表明共产党领导下的苏维埃政权是以马克思列宁主义作为具体指导思想的。其次，它以耒阳县苏维埃政府建立的年份为元年，称“中华苏维埃元年”，摒弃了中华民国国号和纪年，表明工农革命政权才是主体政权。这种票面风格产生了广泛影响，后来其他苏区发行的纸币均纷纷按此设计。1928年4月，朱德、陈毅率部队向井冈山转移，耒阳成为游击区，耒阳劳动券随即停止发行。

图十二　耒阳工农兵苏维埃政府劳动券

（三）井冈山根据地货币

1927年8月，毛泽东以中共中央特派员的身份到达湖南，领导成立了湘赣边界秋收暴动前敌委员会，组织原国民革命军第二方面军警卫团（团长卢德铭是共产党员）、安源路矿工人和湘赣边界各县农民，举行湘赣边秋收暴动。起义于9月9日发动，按照湖南省委决定，起义军向长沙集中。

但是，由于起义军的力量相对分散，而敌人的势力较为强大，在围攻长沙失利后，毛泽东果断决定放弃进攻长沙，向南撤退。最后选定湘赣边界的井冈山作为落脚点，建立农村革命根据地。

10月27日，毛泽东领导的秋收起义军顺利到达井冈山茨坪，并创建了中国共产党领导的第一个农村革命根据地。1928年4月，朱德、陈毅率领南昌起义保留下来的部队和湘南起义队伍一万多人来到井冈山，实现了胜利会师。井冈山会师后，中共湘南特委决定，两军合编为工农革命军第四军。5月，湘赣边界工农兵苏维埃政府在宁冈县成立。在此期间，毛泽东听取了王佐的建议，在井冈山上井村筹建造币厂，时称井冈山造币厂，也叫红军造币厂。

王佐出生在井冈山附近的一个贫苦农民家庭，早年学过裁缝，后在大革命的影响下，组织当地贫苦农民，拉起队伍与土豪劣绅作斗争。在他的队伍里有会铸银元的谢荣珍、谢荣光、谢荣昌三兄弟。谢氏三兄弟原为广州人，银匠出身，手艺精湛，还曾制造过假银元。王佐的队伍被收编之后，三兄弟便开始为根据地铸造银元。当时，工农革命军第四军经费十分紧张，全军不但不能正常发放军饷，甚至连吃饭、穿衣等经费都捉襟见肘。此时，建造革命军自己的造币厂便显得十分必要。

在王佐的鼓励下，谢氏三兄弟承担起铸造银元的重任，银料主要来自打土豪所得之银器。毛泽东对铸币质量提出严格要求，要保证银元的质量和成色，重量一定要达到通用银元的七钱二分。谢氏三兄弟在铸币过程中，发现铜质钱模造出的银元质量要好于钢质钱模，于是他们利用打土豪得来的旧铜板和旧制钱，交由县城里的首饰店，重新熔铸模具，再雕刻成钱模，图样仍采用了市面上较为常见的鹰洋为蓝本。经过反复试验，终于造出表面比较光洁，声音比较纯正的银元。

当时，井冈山附近地区的假银元十分流行，群众称之为“土版花边”，实际上就是含银量较低的银元。为使新造银元能与市面成色不足的假银元相区别，井冈山造币厂的职工用凿子在铸造好的银元上錾刻一个“工”字，它既表示信誉，也含有“工农兵政府”之意（图十三）。起初，造币厂的生产规模并不大，一天只能生产十几枚。后来，为了扩大生产，也便于隐蔽，将冶炼杂银的车间和制作坯饼的车间分散到黄洋界下的牛路坑、大井铁坑、茨坪等处。党组织又抽调了部分战士支援造币工作，随即提高了产量，一天可以生产七十余枚。铸好的银元被统一交送至苏维埃政府财政部和工农革命军军需处，用以支援根据地军队建设。在市场上，凡是加盖“工”字印戳的银元有着良好的信誉，百姓乐于使用，按照当时的物价，一枚“工”字银元可以买五斤猪肉。

图十三　“工”字戳记鹰洋

第二节　中央革命根据地货币

中央革命根据地是土地革命时期，中国共产党领导工农武装所创建的全国最大的一块革命根据地，也是中共临时中央和中华苏维埃共和国临时中央政府的所在地，当时称“中央苏维埃区域”，或简称“中央苏区”。中央苏区是以赣南、闽西两块根据地为基础创建而成。1927年11月至1928年3月，在中共赣西、赣南特委的领导下，赖经邦、李文林、古柏等人领导了赣西南地区的武装起义，开创了东固、桥头等革命根据地。1928年3月和6月，郭滴人、邓子恢、朱积垒、张鼎丞等人领导了闽西地区的武装起义，创建了永定溪南革命根据地和地方工农武装。正是赣南、闽西的这些小块红色区域，奠定了中央苏区的基础。

1930年8月，毛泽东和朱德领导的红一军团与彭德怀率领的红三军团在浏阳永和会师，组成中国工农红军第一方面军，朱德任总司令，毛泽东任总政治委员。10月，毛泽东领导红一方面军挥师江西，攻克军事重镇吉安，建立了江西省苏维埃政府。次年1月，根据中共中央决定，成立中共苏区中央局，周恩来任书记。9月，中央苏区军民粉碎了国民党军第三次“围剿”后，赣南、闽西两部分区域连成一片，根据地扩展到30多个县境，并在24个县建立了苏维埃政府。11月，中华苏维埃第一次全国代表大会在江西瑞金召开，中华苏维埃共和国临时中央政府正式成立，毛泽东任主席，项英、张国焘任副主席。同时，组成中华苏维埃共和国中央革命军事委员会，朱德任主席，王稼祥、彭德怀任副主席。中华苏维埃共和国临时中央政府设在瑞金。至此，中央革命根据地正式形成，并统辖和领导全国的武装斗争。

为了大力发展经济、促进商品流通、支持革命战争、改善群众生活，中央革命根据地形成之后在多地设立银行与合作社，印制发行苏维埃的货币以占领根据地市场，保障根据地经济独立。同时，根据地银行还开展了驱逐杂钞、劣币和反假币的斗争，并实行银元管理，禁止银元盲目外流，从根本上维护了群众的利益，保证了中央革命根据地货币的正常流通。

（一）东固根据地发行的铜元票

1927年10月至次年3月间，共产党员赖经邦、李文林等人在赣南东固地区领导、发动了多次武装起义，建立了江西红军独立第二团和第四团。由于国民党对工农政权的封锁，致使东固原本盛产的粮油、竹木商品无法正常对外销售，同时根据地所需的食盐、药材、布匹等基本生活物资又运不进来。有鉴于此，党组织决定在东固镇设立一个消费合作社，从而改善当地的商品交易环境。1929年下半年，东固消费合作总社正式成立，下设东固、南龙两个分社，社长是欧阳坚泉，资金则由东固区苏维埃政府拨款和群众集资两方面组成。

合作社一经成立，便开始了货币发行工作。在此之前，东固地区市场使用的货币主要以银元和铜元为主，但是由于国民党的经济封锁，加上本地规模稍大的外商因躲避战乱提前撤走了大量资金，从而造成东固地区发生了严重的通货紧缩，银元与铜元的购买力迅速提升，在实际交易中，银元的购买力超过了它本身的面值。为了缓解这种局面，合作社从铜元入手，发行铜元券，有效地缓解了市场货币紧缺的情况。由于铜元与银元之间存在固定的比价关系，铜元的购买力平稳后，银元购买力随之下降。

东固消费合作社是中央革命根据地范围内最先创办的消费合作社，由于在发展根据地经济方面成绩显著，多次受到表彰，其成功经验很快在苏区各地推广开来。随后，苏区各地的消费合作社如雨后春笋般涌现出来。1933年9月，为了使消费合作社进一步健康发展，苏维埃中央政府颁布了《消费合作社标准章程》，并于同年12月成立了中央消费合作总社，统筹地区合作社的各项工作。

1928年6月，东固地区农民协会还在中共东固区委的领导下，发动群众集资创办了贫民（平民）借贷所，以解决贫苦群众生产、生活中面临的缺钱问题，同时也遏制了该地区高利贷活动的流行。1929年2月20日，毛泽东、朱德率领红四军到达东固地区的螺坑村，与赖经邦的部队会师，东固革命形势进入快速发展阶段。7月，东固革命委员会成立。为了进一步解决东固地区所面临的经济问题，打击当地高利贷行为，东固革命委员会决定设立东古平民银行。

东古平民银行是在平民借贷所的基础上建立起来的，正式成立于1929年8月，黄启绶担任行长。银行的准备金有七千元，其中银行委员会前期筹集了三千元，江西工农红军独立第二和第四团捐助了四千元。行址设在东固街的一个店铺里，这是一幢“中西合璧”式的二层楼房，进入店铺后，左边是东固消费合作总社，右边是东古平民银行。

随后，东古平民银行发行了一种铜元票，面额有十枚、二十枚、五十枚、一百枚四种。以十枚票为例，该票正面印有“东古平民银行”字样，在设计时故意去掉“固”字外围的“口”旁，象征着根据地军民粉碎敌人封锁和围剿的决心。正面主图为东固山上升起的一轮冉冉红日，寓意中国革命犹如日出东方，势不可当。票面中间盖有“东古平民银行之图章”。铜元票背面印有“共同生产”“共同消费”字样，反映了根据地创办银行

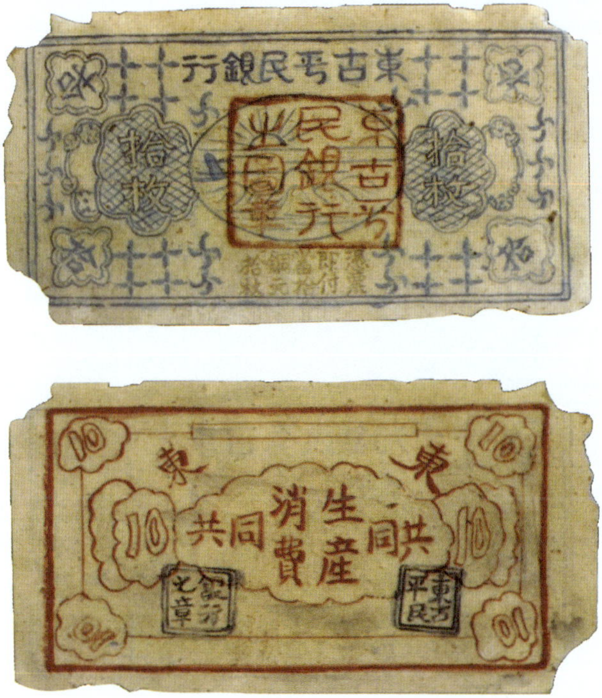

图十四 东古平民银行十枚铜元票

的初衷与目标。（图十四）由于该票系蜡纸油印而成，保存困难，至今已经罕见。

东古平民银行铜元票在设计上没有体现出“苏维埃”相关的红色印迹，这种相对隐藏式的设计风格有效地躲避了敌人的侦察，也有利于与红色区域之外的市场取得沟通与联系，以便更好地推动物资融通。当时，东固地区市场上充斥着各类杂票、土钞，平民银行采用中性色彩的图案，有利于群众接受。因此，东固地区铜元票在红色货币中形成了别具一格的特色。

（二）闽西工农银行币

1930年9月，闽西第二次工农兵代表大会在福建龙岩召开。由于闽西苏区长期受到敌人的经济封锁，因此农产品滞销，出现价格下跌的情况；同时，根据地建设所需的各类物资又经常短缺，造成工业品价格大涨，根据地的市场经济异常混乱。为了保护群众根本利益，进一步恢复根据地的经济秩序，闽西苏维埃政府发布第七号布告，决定成立闽西工农银行，宣布阮山、张涌滨、曹菊如、邓子恢、蓝为仁、赖祖烈、黄维仁等七人为银行委员会委员，其中阮山任主任委员兼行长，曹菊如任会计科长，陈寄今任出纳科长，赖祖烈任营业科长兼秘书。11月7日，闽西工农银行在龙岩县城铜钵巷正式成立。

11月25日，闽西苏维埃政府发布通告：发行闽西工农银行暂用钞票一元券，总量3万张，与光洋同价，即日通行。但由于印制材料的缺乏，直到12月才正式投放市场。此后，闽西工农银行又迁徙至永定县虎岗乡，并陆续增发了一角、两角两种银元辅币券，这两种纸币均由龙岩县苏维埃委员、上海新华艺术大学毕业的张廷竹设计。二角券的设计非常美观，正面深蓝色与红色搭配，红色象征着革命，蓝色预示着胜利。票面的右边两端，出现了五角星的图案，左边的图景由旭日、红旗、城门、人群构成，反映出当时群众参与革命的积极性较高，革命根据地正处在一个蓬勃发展的新阶段。（图十五）

此外，长汀县博物馆还珍藏有一块1931年闽西工农银行伍角券铜质印钞版，它发现于1972年长汀县四都楼子坝林垦场，系工人开垦林地挖土时发现的。该印版长10.2厘米、宽6.5厘米、重约30克，呈长方形，铜质、镂空，正面主景为五角星，里面有“伍角”面值，上端刻有“闽西工农银行”，下端还有发行时期。（图十六）据相关学者推测，闽西工农银行在

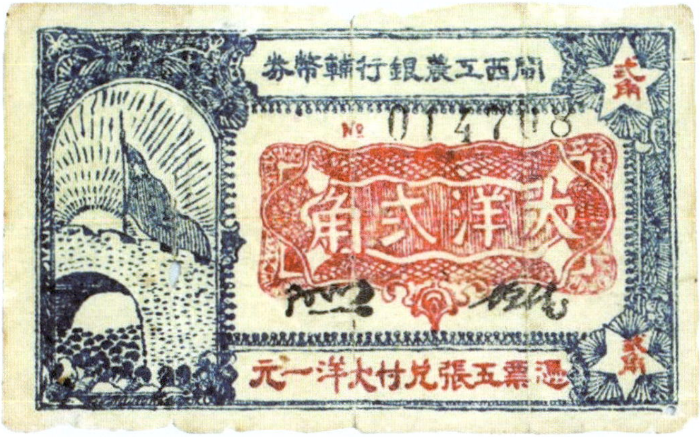

图十五　闽西工农银行二角券

图十六　闽西工农银行五角券铜质印钞版

发行了一角、两角辅币券后，还曾打算发行五角券，并派人去上海制作铜版。但是由于当时上海党中央被特务破坏，派去的人员下落不明，过了较长时间，铜版才由别人带回，为了慎重起见，组织决定不再发行五角券，并将此版做掩埋处理。当时，谁也不知道铜版具体埋在了哪里，时隔四十年之后，才由林场工人无意间发现，因此得以重见天日。这块铜版有重要历史价值，被定为国家一级文物。

闽西工农银行是在中国共产党与苏维埃政府领导下，由闽西工农群众、各级苏维埃地方政府参股的第一个股份制银行，工农群众参股占50％。从成立之日起，积极发展苏区金融、支持土地革命，为中国革命贡献了重要力量。同时，闽西工农银行在发展历程中探索出比较科学、完善的银行管理制度，为中国共产党积累了早期金融管理与货币发行经验，并培养起一支精干的金融人才队伍。这些金融人才后来在陕甘宁边区建设以及抗日战争、解放战争、新中国初期的金融建设中起到重要的支柱作用，他们是中国共产党领导下的第一代优秀金融管理人员。由于闽西工农银行为新中国国家银行的发展做出了重要的贡献，因此也被称为“共和国金融的摇篮”。

金融人物：阮山

阮山，曾用名阮德宽、阮守南，福建省永定县湖雷镇上南村人。早年毕业于福州法政大学，1925年加入中国共产党，任中共厦门特支书记。1928年6月参与永定县农民暴动，任副总指挥，组建当地第一支游击队。1929年红四军入闽后，任湖雷乡革命委员会主席，永定县革命委员会秘书长，县苏维埃主席兼财政委员会主席，中共闽西特委委员，闽西苏维埃执行委员，闽西工农革命委员会委员，新红十二军第三团团长。

1930年筹建闽西工农银行，任行长。在艰难困苦的情况下，阮山领导工农银行调查金融、发行纸币、收购金银、实行低息借贷，与敌人展开经济斗争。为巩固红色政权，阮山先后在永定县太平区、坎市、湖雷等地创办信用合作社，这段经历为他领导闽西苏维埃政权的经济建设积累了丰富的经验。1932年调中央革命根据地工作，任中华苏维埃共和国中央政府教育人民委员部秘书长、社会教育局局长。他还参加了中央苏区历次反“围剿”斗争。1934年10月，长征开始后，奉命留在中央苏区坚持斗争。同年冬，阮山在长汀谢坊被叛徒杀害。

（三）中华苏维埃共和国国家银行币

1931年11月7日，江西瑞金召开了中华苏维埃第一次全国代表大会，宣告中华苏维埃共和国临时中央政府正式成立。（图十七）大会选举毛泽东、周恩来、朱德、项英、张国焘等63人为中央执行委员，毛泽东任中央执行委员会主席，项英、张国焘任副主席。此外，大会还通过了宪法大纲及创建国家银行等一系列相关决议。

图十七　中华苏维埃共和国临时中央政府旧址

大会指定毛泽民筹建国家银行，筹划印刷、发行国家货币。为了更好地统筹工作，临时中央政府还专门将闽西工农银行的曹菊如调来，共同参与筹建工作。经选定人员和行址、财政部拨付资本金等一系列筹备工作后，1932年2月1日，中华苏维埃共和国国家银行在瑞金叶坪开业，毛泽民任行长，曹菊如任会计科科长。

1932年4月，红一和红五军团以迅雷不及掩耳之势攻克漳州城，这一战红军共缴获105万（一说为100万）大洋，以及大量的被服、布匹、药品、粮食、盐巴等物资。如何保管好这批重要的物资，成了当务之急。经人民委员会讨论决定，在瑞金县与石城县交界的一个叫烂泥坑的地方建立秘密金库，以保管这批银元与物资。同时，漳州大捷所得的百万元现款，便成为国家银行的第一笔大额资金，为银行的后续发展提供了重要支持。

货币发行工作随之紧锣密鼓地开展起来。毛泽民组织了一批人员建立了中央造币厂和中央印钞厂，并从其他地区调集相关的印刷设备，甚至到白区购买油墨、器材。经过认真筹备，1932年7月7日，中华苏维埃共和国国家银行纸币正式发行。主币为一元，辅币为五角、二角、一角和五分，均由黄亚光设计。其中，二角券和一元券正面还印有列宁的头像，背面主景由地球、镰刀、锤子、五星、嘉禾等元素组成，革命气息浓厚。（图十八）此外，还有一件趣事，本套纸币正面下端均印有两个类似于英文的签名，国家银行当时宣称为毛泽民和邓子恢的签名。但是，后来经黄亚光本人解释：这既不是拼音，也不是英文，而是一种无法识读的自创符号，是为了防伪专门设计的。

图十八　中华苏维埃共和国国家银行二角券

不久，中央造币厂设计铸造出一种面值“壹圆”的银元，准备作为国家的主币。中央为镰刀、斧头图案，周围环绕“全世界无产阶级联合起来呵”等文字。毛泽民认为不妥，既妨碍苏区纸币的流通，又无法到白区使用。造币厂遂改为主要生产小面额银币、铜币和袁像银元等。其实，小面额银币也仅有“贰角”一种，这种小银币直径2.3厘米，重约5.5克，正面上缘铸造有“中华苏维埃共和国”八个字，中间为“贰角”面值，下缘有发行时间“公历一九三二年”；背面中间图案仍是地球、镰刀、锤子、嘉禾，上缘标明面值“每五枚当一圆”。（图十九）

铜币有一分、五分两种面值。一分铜币属于小型，设计美观、大方，直径约1.8厘米，重约1.96克。正面上缘铸有“中华苏维埃共和国”字样，下端是数字“1”和镰刀、锤子的组合图案，背面是嘉禾环绕的“一分”图，上端为五角星标志。（图二〇）五分铜币的背面与一分币相似，正面多出了一幅中国地图，地图的中间铸有镰刀锤子图。（图二一）1934年10月，红军开始长征后，中华苏维埃共和国国家银行随部队长征，原来发行的相关纸币与铜币随即停止流通。

金融往事：黄亚光设计国家银行纸币

中华苏维埃共和国国家银行筹建之初，不仅纸币印刷设备简陋，而且钱币设计人才奇缺。毛泽民等人多方寻找，发现在福建长汀有一位早年留学日本、善绘图画的共产党员黄亚光，非常适合货币设计工作。然而此时黄亚光正身陷囹圄，并被判处死刑，即将执行。原来，当时闽西地区在“左”倾错误路线下发生了“肃社党”冤案，多人被捕，黄亚光就属于其中一员。毛泽民冒着自己可能被打成反革命嫌疑犯的风险，找到兄长毛泽东，请他

图十九 二角银币

图二〇　一分铜币

图二一　五分铜币

出面交涉，通过中央保卫局，最终将黄亚光从枪口下救了出来，聘请他为国家纸币的设计者。

黄亚光在设计国家银行货币时，曾想在钞票上印制毛泽东的头像，毛泽东没有同意，后改用列宁头像。黄亚光在显微镜下，先把列宁头像绘制在纸上，再用毛笔工整地写上银行名称、币值、签名、年份等。毛泽东对黄亚光说，设计苏维埃政府货币，一定要体现工农政权的特征。因此黄亚光在设计每张纸币时，都绘制了镰刀、锤子、地球、五角星等图案，并把这些图案分别摆放在适当的位置，或有机地组合起来，既美观大方，又突出政治色彩。黄亚光设计的“苏币”朴实、精美，展示了他精湛的艺术水准。

在这套纸币的正面，有两个看似英文字母的签名，银行对外宣称是财政部部长邓子恢和银行行长毛泽民的签名。其实写法很不规范，既非英文，也非汉语拼音，也不是俄文、德文等，而是一种无法识读的符号，这是黄亚光将其作为防伪标志专门设计的。这种做法看似简单而又违背常理，但一般人很难发现其中的奥秘。作为钞票防伪的重要机密，只有毛泽民、项英（一说为邓子恢）、邓发、黄亚光四人知道。直到50年后的1980年代，黄亚光才公布了这个机密。

第三节 湘赣革命根据地货币

湘赣革命根据地位于湖南、江西两省边界地区，亦称湘赣苏区。1929年1月，红军第四军主力向赣南、闽西挺进后，留在井冈山革命根据地的部分红军和各县赤卫队在中国共产党湘赣边特别委员会的领导下，经过两年多的斗争，不断扩大根据地范围。1931年8月，中共中央决定将赣南和闽西两块苏区合并为中央苏区，将赣西和湘东两块苏区组成湘赣苏区。10月，中共湘赣省第一次代表大会和湘赣省第一次工农兵代表大会在莲花县花塘村召开，正式宣布成立中共湘赣省委和省苏维埃政府，王首道、任弼时先后任省委书记，袁德生、谭余保先后任省苏维埃政府主席。至此，湘赣革命根据地正式形成。

湘赣革命根据地包括赣江以西、袁水以南、粤汉铁路以东、大余县以北的广大地区。此后，省委和苏维埃政府领导红军和游击队发动群众，深入进行土地革命，开展游击战争，建立了永新、宁冈、莲花、上犹、崇义等十几个县苏维埃政府。鼎盛时期，湘赣省委管辖北路、湘南、南路（一说西路）三个特委以及50个区委、600多个支部，面积达到2.8万平方公里，人口达100多万。湘赣根据地货币主要包括两种：中华苏维埃共和国湘赣省工农银行货币和中华苏维埃共和国国家银行湘赣省分行纸币。

（一）中华苏维埃共和国湘赣省工农银行币

为了发展湘赣苏区经济，统一该区域的货币制度，在省苏维埃政府成立之后，党组织即着手组建省工农银行筹备委员会。1932年1月15日，中华苏维埃共和国湘赣省工农银行在江西省永新县朱砂楼开业，实行财政与银行一体的组织机构，行长由财政部副部长胡湘兼任，分设总务科、借贷储蓄科、兑换汇兑科、会计科、保管科。

湘赣省工农银行发行了以银元为本位的纸币，又称银元票。目前见到的实物有一角、一元两种券别，票面设计大体相同。以一元券为例，该券正面有马克思、列宁头像，以及五角星和镰刀锤子图案。背面印有工农银行五大任务：（一）统一货币制度，调剂银钱价目，以防止富农奸商反革命的操纵，而便利工农群众的银钱往来，不致受何损失。（二）实行低利借贷，回答富农、银庄、奸商的高利盘剥，利于工农贫民发展各种生产事业，以及开办各种合作社等。（三）统一票币出入，防止现金外溢，使群众在交易上不感受携带不便、混淆不清的困难。（四）收储工农劳苦群众及各革命团体的余裕金钱，得到储藏稳固、源源生息的便利。（五）汇兑款项，凡因路途过远或因他故不便携带的银钱，可交银行汇寄，使我们多数银钱往来不生任何困难。（图二二）

与此同时，湘赣省工农银行还组建了造币厂，铸造了一批银元。根据苏区中央局的指示，为了能到国民党统治区购买物资，需要把苏区收缴的3万多两银器铸造成银币。1932年10月，湘赣省工农银行造币厂在永新县创办。创办初期，造币厂为了保密，

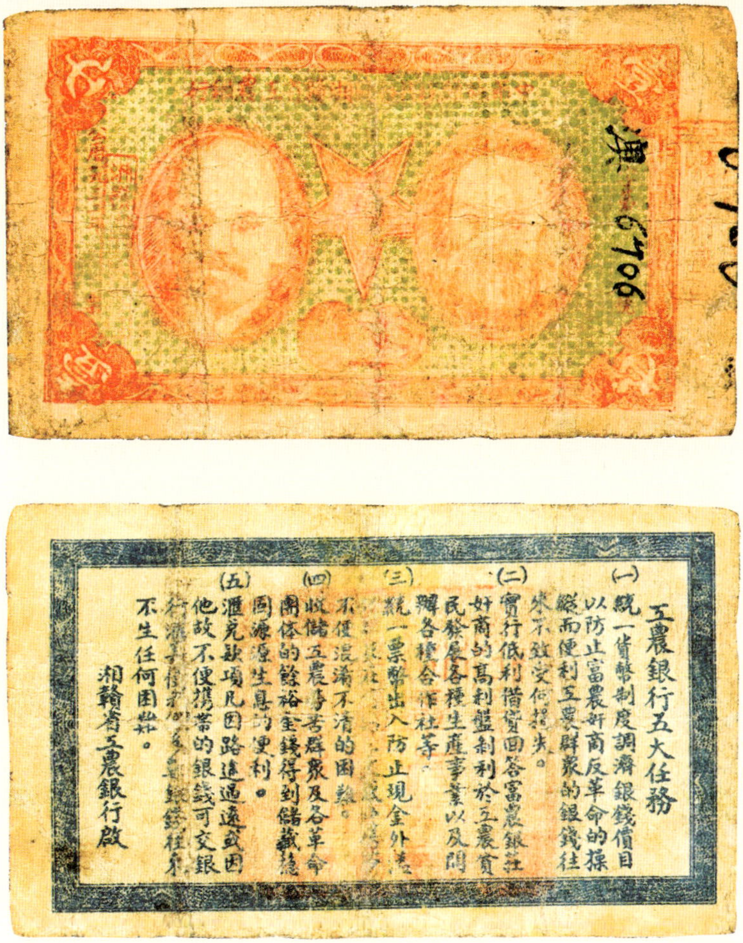

图二二 苏维埃湘赣省工农银行一元券

对外称“湘赣省弹药厂”。全厂共设模型部、锻工部、翻砂部、锉坯部、印花部，此外还配有木匠、石匠、金银鉴别分选员、事务长、运输员、教员、保管、卫兵等，共约40人。

造币厂工人通过制造铸币工具，解决了银元图案、花纹、边齿、回音等一系列难题。铸造的银元有“大头”“小头”、光绪龙洋、大清龙洋，甚至连外国银元“站人”“鹰洋”等都生产过。当然，由于这些银元没有特别的印记与标志，时至今日我们无法确定哪些银元属于湘赣省工农银行造币厂铸造的。造币厂将银器转化为银元，既扩大了苏区与白区的贸易，又充实了工农银行的货币基金，使纸币随时随地可以兑换，从而稳定了纸币的币值，提高了纸币的信誉，在解决财政困难、稳定金融等方面发挥了积极的作用。

（二）中华苏维埃共和国国家银行湘赣省分行纸币

1932年1月15日，中华苏维埃共和国湘赣省工农银行刚刚开业，1月30日，中共苏区中央局作出关于“湘赣革命根据地的工农银行要成为国家银行湘赣边分行”的指示。湘赣省工农银行为股份银行，当时已经完成群众股金的筹募工作。湘赣省苏维埃政府经过慎重考虑，如果立马退还群众股金，势必失去信誉，决定暂以湘赣省工农银行名义开展业务，等到开业一周年分红派息，将群众股金退还后再更名。

1933年初，中华苏维埃共和国湘赣省工农银行改为中华苏维埃共和国国家银行湘赣省分行，行址仍设在永新县。按照组织要求，分行有货币发行权和独立开展业务的权力。紧接着，分行就发行了相关银元票和铜元票，作为新币流通于湘赣地区。

依据目前见到的实物，湘赣省分行共计发行了银元票六种，包括1933年版一角（图二三）、二角、一元券，1934年版五分、一角、一元券。这批银元券的设计风格与印刷特点与

图二三 湘赣省分行银元票一角券

之前发行的湘赣省工农银行币相似。在发行银元票的同时，湘赣省分行还印制了一批铜元票，供市场流通使用，比较常见的是1934年版十枚券。该券正反面均为黑白两色设计，正面画了一幅红军举旗图，图案上的四名红军笑容灿烂，他们站在地球上，高举镰刀、锤子红旗，预示着全世界无产阶级的联合与胜利，背面印有风景，面值“拾枚”和时间“公历一九三四年”字样。（图二四）1934年8月，红六军团突围西征，红军撤出湘赣根据地，湘赣省分行发行的银元票和铜元票即停止发行和流通。

图二四 湘赣省分行铜元票十枚券

第四节　湘鄂西革命根据地货币

湘鄂西革命根据地位于湖南、湖北两省西部边界地区，由洪湖、湘鄂边、鄂西北等小块根据地组成，又称“湘鄂西苏区”。1928年初，贺龙、周逸群到湘鄂西领导土地革命，先后开辟了湘鄂边和洪湖两个革命根据地。1930年，红二军团成立，湘鄂边和洪湖两个根据地连成一片，发展成为湘鄂西革命根据地。不久，成立了中共湘鄂西特委和湘鄂西联县政府，红军和地方武装发展到3万余人。1931年，湘鄂西省苏维埃政府成立，辖洪湖、湘鄂边、襄枣宜、鄂西北和巴兴归5个革命根据地。

在土地革命时期，湘鄂西根据地发行的货币种类较多，既有县苏维埃政府发行的“监利县苏维埃信用券”“沔阳县苏维埃政府信用券”，也有银行发行的“石首农业银行银元兑换券”“鄂西农民银行币”“鄂北农民银行币”“鹤峰苏维埃银行铜币券”。中华苏维埃共和国国家银行成立之后，鄂西农民银行改名为“中华苏维埃共和国国家银行湘鄂西特区分行”，又发行了“中华苏维埃共和国国家银行湘鄂西特区分行银币券”和“湘鄂西省苏维埃政府铜币”。

（一）石首农业银行券

1930年春，鄂西工农武装正式改编为工农红军第六军，利用蒋、冯、阎准备中原大战的时机，在江陵、石首、监利、沔阳、潜江地区连战告捷，由此形成洪湖苏区。起初，各县苏维埃政权往往自行组织金融机构，发行一些区域性的纸币，尽管这些纸币流通范围较小，但是在一定程度上解决了农民的生活和生产困难。

1930年2月，石首县苏维埃政府在鄂西特委驻地石首县袁家铺乡正式成立，同时还组建了石首农业银行，行址设在石首县城绣林镇。银行成立之初，主要支持县苏维埃政府开办的棉花、百货、理发、鲜鱼肉等十三个合作社，为了提升商贸交易的便利，并打击市场高利贷横行的状况，石首农业银行发行了面额为一元的信用券，主要流通于石首地区。

石首农业银行一元券系湘鄂西根据地早期发行的货币种类。（图二五）该券正面灰绿色，票面上端印有行名，中间为石首本地房屋风景图，下端印有“扩大赤色区域”“实行武装暴动”“夺取政权”等口号。背面红色，印有“实行土地革命”“武装保护苏联”口号。还印有《中国革命十大要求》：“一、推翻帝国主义的统治；二、没收帝国主义在华的企业和银行；三、统一中国，实行民族自决权；四、推翻国民党军阀的统治；五、建立工农兵苏维埃政权；六、实行八小时工作制、失业救济社会保险；七、没收地主阶级的土地分配给贫民耕种；八、改良士兵生活；九、取消国民党一切捐税，实行统一累进税；十、联合全世界无产阶级和苏联。”

图二五　石首农业银行一元券

（二）鄂西农民银行信用券

石首、监利、江陵、沔阳、潜江五县先后成立了苏维埃政权，鄂西根据地逐渐连成一片。1930年4月，中共鄂西特委召开了鄂西第一次工农兵贫民代表大会，成立了鄂西苏维埃五县联县政府。政府机关设在石首县调弦口，周逸群任政府主席。联县政府成立后，为了发展苏区经济，巩固革命政权，冲破反动派的经济封锁，造福人民群众，决定设立联县政府银行，定名为鄂西农民银行，行长由戴补天担任。

在戴补天等人的积极努力下，鄂西农民银行在石首县小河镇冯家潭子创办了造币厂，并正式发行纸币。目前见到的实物，按照面值可分为一角、二角、五角、一元、五元等几种，发行年份有1930和1931年。信用券上的图案有五角星加党徽、楼阁、自然风景、天坛等。文字不仅有“此券一律通用”“随时照兑”的承诺，也有“活动赤区金融”“完成地方暴动”“全世界无产阶级联合起来”“打倒帝国主义”“消灭军阀混战”“武装保护苏联”“扫除封建势力”等革命口号。

湖北省钱币博物馆收藏有一张1930年鄂西农民银行信用一元券（图二六）。背面印有《鄂西农民银行信用券条例》，我们可以从条例的内容中窥见当时根据地货币发行情况。条例规定：一、本行为冲破敌人的经济封锁，活动赤区金融，发展工农商业，特发行信用券。二、本券分一角、两角、五角、一元四种。三、本券以政府税收、富农特捐及累进税为担保品。四、本券与现洋有同等之价值，凡属政府机关、民众团体及赤区的人民一概通用。五、本行办理汇兑事业。六、本行办理低利借贷。七、本券可完纳富农特捐及累进税。八、本行在各县设有分行，各区设有兑换所，持有本券者可随时随地前往兑现。九、白色区域如愿意使用本券，尤所欢迎，来赤区兑现，各级政府当负护送的责任。

鄂西农民银行发行的纸币得到了各县苏维埃政府和群众的积极拥护与支持，为统一苏区货币与金融做出了重要贡献。当时，团湘鄂西特委在《给团中央的报告》中曾指出：“现在我们此地已建立起鄂西农民银行，出了许多的纸票，纸票的样子是非常标致。在反动派没有施行所谓三个月‘围剿’计划之前，我们苏维埃下面的群众对这个纸票都非常信仰的，无论到

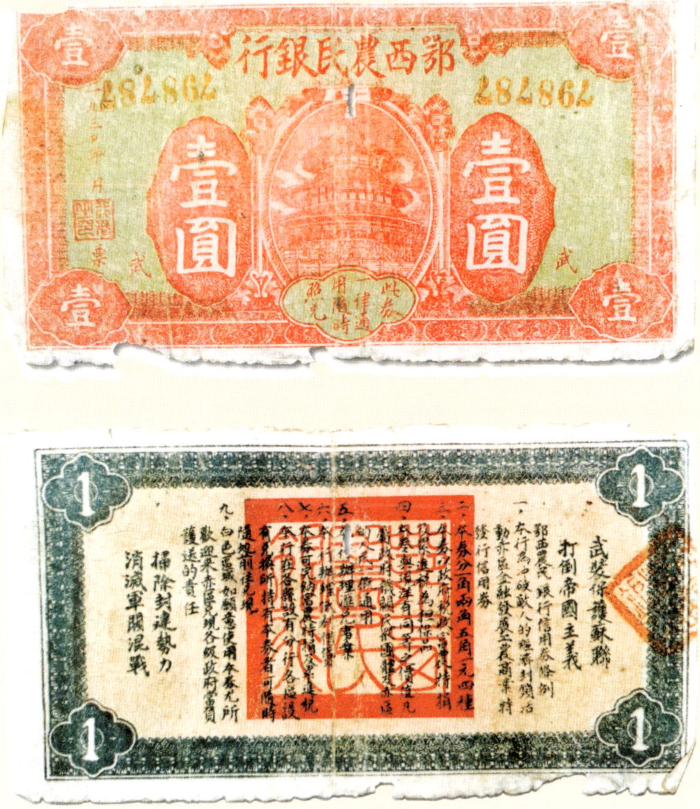

图二六 鄂西农民银行一元券

什么地方都可使用，在银行里也可兑换现金。”鄂西农民银行货币种类多样、版式丰富、设计美观、印刷精美，在湘鄂西革命根据地货币史上具有举足轻重的地位，同时富有极高的欣赏和研究价值，是我国革命根据地货币史上的瑰宝。

金融人物：戴补天

戴补天，湖北公安县人，原名戴贵舒。1926年加入中国共产党，同年入国民党中央农民运动讲习所学习。大革命失败后，在公安地区组织农民武装斗争，任中共公安县委武装委员，后任公安县委书记。1930年7月4日，红四、六方面军在公安县城南平会师。为营造迎接红军、支援红军的浩大声势，他在斗湖堤主持召开千人群众大会，镇压了大烟贩王海堂等土豪劣绅共7人。7月11日，红二军团总指挥贺龙率队来到斗湖堤，戴补天积极领导沿江群众做好支援红军渡江的各项准备工作，使一万多名红军不到两天就全部渡过长江。渡江后，戴补天被调到红二军团经济部任经济处长。年底，调到鄂西农民银行任行长。随后任湘鄂西农民银行行长、湘鄂西省苏维埃政府财政部部长。在他的领导下，湘鄂西苏区制定了一系列经济政策，建立了农民银行，统一了苏区金融管理，稳定了苏区经济，扩大了财政收入，为支援和发展革命战争起到了重要作用。1932年，戴补天在苏区肃反扩大化中被诬为“改组派”，同年8月被错杀于洪湖瞿家湾，新中国成立后被追认为革命烈士。

（三）鄂北农民银行币

1931年3至4月间，为反击国民党军对洪湖苏区的“围剿”，红军决定由贺龙率部队向鄂西北开辟根据地，以策应、支援洪湖苏区。经过艰苦转战，至6月中旬，红军在武当山区占领房县一带，创建了鄂西北革命根据地，并组建了中共鄂西北分特委。根据地下辖房县、均县、郧县、谷城等区域，人口达20余万。

鄂北农民银行于1931年7月在房县西街成立，行长由红七师政治部主任、县苏维埃政府秘书胡苏黎兼任，王守训负责银行的具体事务，银行的资本金主要以没收地主的金银为主。鄂北农民银行先是发行了纸币，主要流通于以房县为中心的鄂西北地区。目前见到的有一串文兑换券和五角、一元信用券。一元券设计美观大方，使用道林纸石印技术，正面呈墨绿色，中心印有列宁正面像，下端印“此券一律通用随时照兑”字样。背面为浅棕红色，印有《鄂北农民银行信用券条例》，条例两侧对称排列有“武装保护苏联，打倒帝国主义”“扫除封建势力，消灭军阀混战”的口号。条例上方加盖红色篆文“鄂北农民银行印”，并加盖骑缝章，以起到防伪作用。（图二七）

图二七 鄂北农民银行一元券

在发行了信用券之后，鄂北农民银行又尝试发行了银币。银币先是铸成七钱二分重的银块，因上刻有“维持”二字，人称“维持块”。后来为提高信誉，开始将银块打造成圆形银元形态。按照现在见到的实物，鄂北农民银行一共铸造过两种银元，一种是马克思头像一元币，另一种是列宁头像一元币。这两种银币设计风格相同，正面为马、列二人头像，币上缘铸“中国苏维埃共和国造”九字。背面系镰刀、锤子（斧头）、“壹圆”币值组成的图案。该类银币直径3.9厘米，重约28克，含银量80%以上。当时这两种银币铸造数量不多，流传至今已十分罕见，成为红色革命文物中的瑰宝。（图二八）

鄂北农民银行铸造发行的马克思、列宁头像银币，在革命根据地货币史上具有独特的地位：一是将马克思、列宁头像铸造在银币上，仅此一例；二是开红色政权自己设计银币图案的先河。1931年9月，贺龙率主力红军南下返回洪湖，留下两个团坚守鄂西北苏区。1932年初，红军撤出房县一带，鄂北农民银行也随之停止了货币发行工作。

图二八 列宁像银币

金融往事：凭想象制作导师像

鄂北农民银行制造银元的工作，由苏维埃政府经济委员王守训负责。他把房县城内银楼的12个银匠集中起来进行商议，这些银匠手艺虽高，但只有用银锭、银元打制首饰的经验，而没有用银锭首饰改制银元的技术。后来，王守训从县城西关请来了略懂模具雕刻技术的周远忠。周远忠按照正面为无产阶级导师马克思、列宁头像，背面以镰刀、锤子（斧头）为主景设计并制作了钢模。当时，王守训、周远忠等参加制造银元的人，并未见过马克思、列宁的真实长相，甚至根据地也找不到相关的照片和图片，因此他们完全凭着对外国人模样的想象进行了创作：长胡须、穿西装、系领带，最后顺利完成银币的铸造任务。虽然今天，我们看到银币上的马克思、列宁头像颇有失真之感，但是却体现出那个激情燃烧的年代中，人们对红色革命胜利的向往。“凭想象制作导师像”成为红色货币史上的一件趣事。

（四）中华苏维埃共和国国家银行湘鄂西特区分行币

1931年11月，鄂西农民银行随湘鄂西苏维埃政府机关一同迁往洪湖瞿家湾。同时，鄂西农民银行改为“中华苏维埃共和国国家银行湘鄂西特区分行”，行长仍由戴补大兼任。分行成立后，随之开始发行货币。各县及红军原来发行的各类信用券等价兑换成现行钞票，同时取缔私商发行的各种小票。

湘鄂西特区分行先是发行了一系列银元兑换券，目前见到的有一角、二角、五角、一元等四种面值。以二角券为例，该

图二九 湘鄂西特区分行二角券

币正面黑色，上端书写行名，中间有围墙、楼阁等图案，两侧长条形花框内印有“贰角”面值，下端为时间“一九三一年造”。背面呈淡棕色，主景是一幅由亭台、楼阁组成的古建筑风景图，两边印有“冲破敌人经济封锁”“实现苏维埃的政纲”等革命口号。（图二九）

1931年6月，湘鄂西省苏维埃政府成立，湘鄂西特区分行开始发行一种面值为“一分”的铜币，这种铜币发行量极其稀少，至今已经难见实物。同时，据资料记载，湘鄂西特区分行还曾使用加盖“苏维埃”字样的办法，在市面流通的“袁大头”银币上打戳记，防止根据地资金外流。1931年下半年，国民党对根据地的经济封锁进一步加剧，妄图切断根据地与其他区域的经济、物资往来，从而达到削弱根据地军事势力的目的。在这样的情况下，湘鄂西特区分行积极发行货币，维持根据地市场的正常交流，同时还制定了相关措施，严格控制资金，特别是银元的外流。凡是在根据地内流通的银元，都可以加盖“苏维埃”字样的戳记，从而防止银元流出根据地。这种做法，并不仅见于湘鄂西革命根据地，其他苏维埃政权亦曾出现过。时至今日，我们还能发现不少数量的加盖“苏维埃”字样的“袁大头”银币，它们正是这一时期革命根据地防止银元外流政策的产物。（图三〇）

图三〇　“袁大头”加盖“苏维埃”戳记

第五节 湘鄂赣革命根据地货币

湘鄂赣革命根据地主要由湘鄂赣边区和鄂东南两块根据地组成。1928年7月，彭德怀、滕代远、黄公略等人领导平江起义，成立红军第五军和平江县苏维埃政府。10月，湘鄂赣革命委员会成立。1930年6月，湘东北的平江、浏阳，鄂东南的大冶、阳新、通山、崇阳、通城和赣西的修水、铜鼓、万载等地，大都连成一片，成为红色苏区。1931年7月，中共湘鄂赣省委成立，李宗白任书记（后林瑞笙）。10月，湘鄂赣省苏维埃政府成立，赖汝樵任主席。

湘鄂赣根据地红色政权建立之后，即着手筹建金融机构，湖南平江、浏阳，江西万载、修水、铜鼓、宜春等县纷纷成立银行，鄂东阳新、大冶、通山、武宁、瑞昌等县也相继建立了农民银行。在此基础上，鄂东农民银行得以组建，统一了鄂东地区的金融机构，各区县银行成为分行或代办所。随着湘鄂赣根据地党政关系的变化和金融事业发展的需要，鄂东农民银行改建为鄂东工农兵银行，后又更名为鄂东工农银行。1932年2月1日中华苏维埃共和国国家银行正式开业，应中共湘鄂赣临时省委和省苏维埃政府要求，建立国家银行湘鄂赣省分行，但因国民党敌军接连发动第四次、第五次“围剿”，战争局势日趋严峻，苏区内部又执行王明“左”倾教条主义错误路线，湘鄂赣省分行未能如愿成立。

湘鄂赣是土地革命时期全国苏维埃地区建立金融机构最多、名称变化最大的区域。因此，从目前收集到的实物来看，湘鄂赣地区发行的红色货币大约有60余种，材质上有银元、铜元、纸币，名称上不仅有“洋银票”“铜元票”，还有临时使用的“兑换条”“流通券”，可谓种类繁多。在本节，我们选取其中特色鲜明、颇具代表性的一些货币进行介绍。

（一）平江县工农银行与苏维埃政权发行的货币

1930年7月15日，平江县第一次工农兵代表大会召开，并成立了平江县苏维埃政府。自国民党烧杀清乡以后，刚刚诞生的革命政权面临着农村经济破产、城市工商凋零、工人大批失业、贫民生计无着的困境。同年11月，组织决定成立平江县工农银行，通过银行发行货币，抵制高利贷，恢复经济正常发展。银行行址开始设在谢江塔里墩，后迁至周坊、白竹坑，黄庆怀任经理。

平江县工农银行发行的货币主要为光洋券，即兑换银元的纸币流通券。目前见到四种面值：一角、二角、五角、一元。其中一角券颇具特色。该券正面蓝色，上方印有行名，中间有面值“光洋壹角”，两侧文字系“合成壹元”“兑换光洋”，两侧为两只对立的仙鹤，形态挺拔、栩栩如生。背面全票幅印满文字，系《平江县工农兵苏维埃政府布告》。（图三一）这份布告内容真实，描绘了平江县当时的经济状况、货币发行目的及纸币使用规范等问题，特别是开头就揭露了国民党“烧杀清乡”的恶行，这份布告的内容本身就是一份十分珍贵的史料，是我们了解红色货币发行、流通等问题的第一手资料。

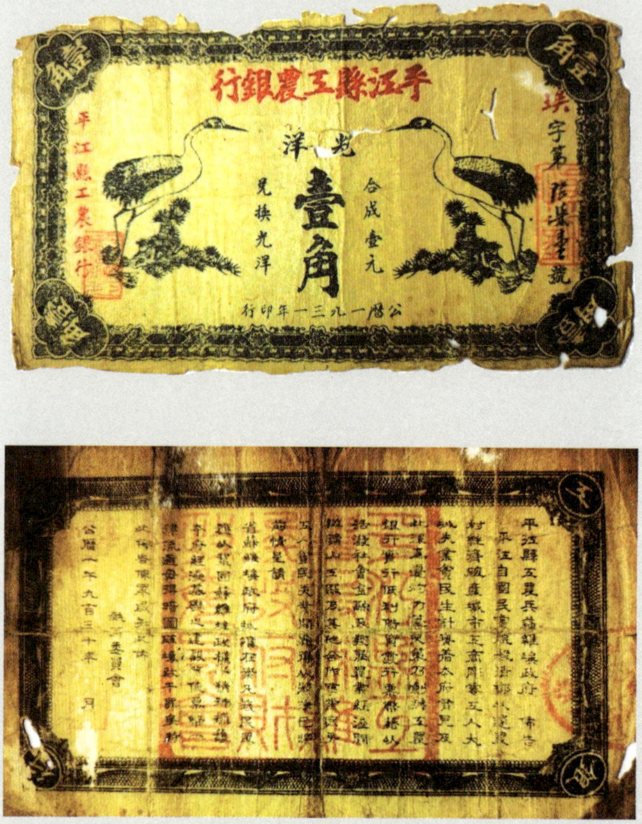

图三一 平江县工农银行一角券

布告全文如下："平江自国民党烧杀清乡以还，农村经济破产、城市工商凋零，工人大批失业，贫民生计无着。本府有见及此，深为忧灼，力筹良策，乃创办工农银行，实行低利借贷，发行票币，借以活泼社会金融及发展农业经济，开办矿山工厂及其他合作事业，庶乎工人贫民失业问题得以解决。已将前情呈请省苏维埃政府批准在案。凡我民众应以巩固苏维埃政权之精神，拥护本府经济基础之建设，务使票币一律流通，毋得暗图破坏，致干罪戾。特此布告，俾众咸知。此布。”

除了工农银行之外，平江县苏维埃政府还建设了造币厂，并铸造发行了银元。1930年底，平江县苏维埃政府造币厂在平江嘉义芦头洞靠浏阳边界一个叫杉皮坳的山沟里正式建立，李克家担任造币厂厂长。银元刻模工作由苏维埃赤卫队员罗木佑负责，他从小就学习雕刻，手艺精湛，首先在梨木上按照当时省、县苏维埃旗帜上的图案雕刻出五角星、镰刀、斧头（锤子）等元素，背面按照老式银元刻成嘉禾图案。银匠方俊民负责铸造，为了解决银币的成色问题，他专程拜访了一个曾在武汉造币厂铸造过银元的师叔，掌握了制作的全过程。一开始试铸采用的是翻砂工艺，铸造出来的银元表面不光洁。后把砂模改为铜模，又将铜模改为钢模，把浇铸改为锻压，经过多次试验，最终成功，银元的质量和产量都得到显著提高。

平江县苏维埃政府银币，正面铸有“平江县苏维埃政府”“一九三一年制”字样，中间为五角星和镰刀、斧头（锤子）图案；背面为嘉禾图案及“壹圆”币值。据记载，这批银元共发行了1000枚。1931年11月，湘鄂赣省苏维埃政府成立后，银币即停止铸造，尽管流通时间不长，但是平江县造币厂铸造的银元却产生了广泛影响。平江县临近的修水县、万载县、浏阳县、铜鼓县等苏维埃政府均仿照该银元样式铸造了本县的银元，后来这些银币被统一合并，收归至湘鄂赣省苏维埃政府造币厂。

（二）湘鄂赣省工农银行币

1931年9月23日至10月4日，湘鄂赣省工农兵苏维埃第一次代表大会在平江县长寿街召开，大会决议成立湘鄂赣省工农兵苏维埃政府，选举赖汝樵为省苏维埃主席。11月，省苏维埃政府颁发布告，宣布湘鄂赣省工农银行正式成立，行址设在平江县黄金洞，后又迁徙他处。历任行长有李国华、涂正坤、刘文初、成功等。万载、铜鼓、修水、宜春、浏阳等边境各县原来设立的银行均改建为省工农银行分行，自成系统的鄂东南苏区银行也纳入省工农银行的指导范围。

湘鄂赣省工农银行发行的货币有铜元票与银洋票。依据目前见到的实物，铜元票有一百文、二百文、五百文、一串文共计四种面值，七种版别，银洋票有一角、二角、三角、五角、一元等五种面值，七种版别。新票发行后，以前流通的票币收回汇集，禁止使用，包括平江、浏阳、宜春、万载等县工农银行（或工农兵银行）及铜鼓、修水县合作社所发行的各类票币。除了印制湘鄂赣省工农银行新版票之外，省工农银行还利用原工农兵银行纸币的图版，改印省工农银行纸币，并将万载、宜春、浏阳等县工农兵银行印好而未发行的纸币加盖“此票湘鄂赣省工农银行兑换”和“此票至各县分行各区经理处一律兑换”的戳记后，投入市场流通使用。

湘鄂赣省工农银行纸币整体印刷质量较好，票面文字大都反映出浓厚的红色革命气息，如“实行革命经济组织”“冲破敌人经济封锁”“拥护苏维埃经济政策”等口号。票面图案取材多样，有古装人物、炎帝像、长沙天心阁、南岳衡山庙、武昌洪山宝塔以及山川、河流、工厂、矿山、轮船、火车、水坝、输电塔等。

在1932年版二角银洋票背面，印有《苏维埃经济政策》十条，这是我们了解革命根据地经济政策的重要资料，现录全文如下：一、没收帝国主义在华的财产——租界、海关、银行、铁路、航业、矿山、工场等；二、不违反苏维埃法令的外国企业，准许照常营业；三、中国资本家企业及手工业，不违反苏维埃法令者准许自由营业；四、实行劳工监督；五、允许商人自由贸易；六、禁止大商人垄断价格，封锁金融；七、禁止高利剥削，实行低利借贷；八、发展合作社事业；九、废除一切苛捐杂税，实行统一累进税；十、减低房租，繁荣城市，改良城市贫苦人民的居住条件。（图三二）

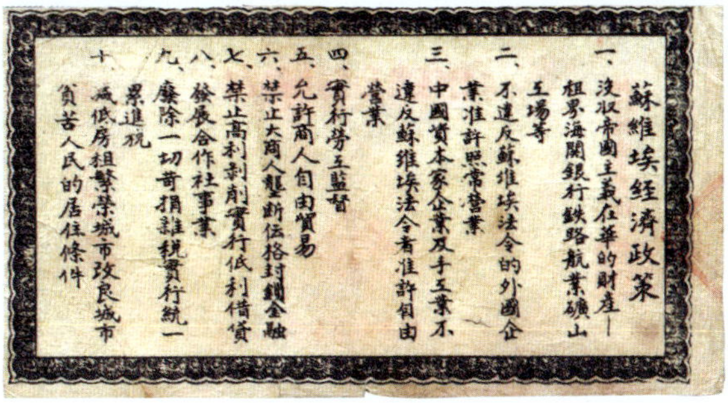

图三二　湘鄂赣省工农银行二角票

1933年10月，国民党军队进犯湘鄂赣苏区。1934年1月，在第五次反“围剿”斗争中，湘鄂赣省级机关撤出万载小源，向铜鼓幽居、祖庄转移，省工农银行亦随之迁移。是年春，省工农银行与省苏维埃政府财政部一道转移至湖南平江黄金洞后，除保管一些金银财物外，其他工作被迫停止。

金融人物：成功

成功，原名陈鸿钧，谱名陈志赛。1895年出生于江西万载县大桥乡西沙园洲。成功1929年参加革命，同年8月加入中国共产党。曾任万载县第一区赤卫军总指挥、万载县苏维埃政府财政部部长。1932年4月，中共湘鄂赣省委任命他为财政部代理部长，并兼任湘鄂赣省工农银行行长。尽管当时苏区财政金融相当困难，但成功仍坚持政策规定，严禁随意加重群众负担，杜绝出现损害群众利益的行为。1932年上半年，宜（春）萍（乡）县苏维埃向群众预征秋季农业累进税，万载县苏维埃也向群众预征了几千石谷子。成功发现后，及时发出通令，批评了预征的错误，并规定各级苏维埃财政部，“今后无论何种费用，困难到任何程度，都不得向群众借一斗米或一串甚至几百文钱”“如有胆敢违反这一通令，仍有向群众预征税收，一经查觉或被告发，当予严惩不贷”。

1937年8月底，成功奉命率领一支20多人的武装队伍，到浏阳大围山、永和、官渡等地传达省委有关打土豪的指示。9月4日遭敌军包围，成功坚持与敌奋战，终因寡不敌众，身中数弹，壮烈牺牲，时年42岁。

（三）鄂东银行铜元票

1930年8月（一说10月），鄂东阳新等十县代表召开第一次工农兵代表大会，选举产生鄂东工农革命委员会。为了统一鄂东地区的金融工作，同年创办了鄂东农民银行（亦称鄂东总行），并将原来各县、区农民银行改为鄂东农民银行的分行。总行行址设在阳新县金龙区大王店，银行负责人曹俊白（又名曹信白）。

1931年初，鄂东农民银行（鄂东总行）改组为鄂东南工农兵银行。1932年3月，鄂东办事处决定将原鄂东南工农兵银行改称为鄂东工农银行。1932年四五月间，第三次反“围剿”胜利后，鄂南苏区的经济状况有所恢复，鄂东南道委和鄂东南苏维埃政府相继建立。5月，鄂东工农银行改称为鄂东南工农银行。上述银行实际上就是在鄂东农民银行的基础上不断发展而来，它们在不同时期与阶段都发行了铜元票，这些铜元票特色鲜明，特别是背面的各类文字内容，不仅内涵丰富、语言平实，更是我们深入了解革命根据地货币、经济问题的重要史料。

鄂东农民银行1931年一串文铜元票是比较有趣的一种。该票图案绘制简单，正面黑色石印，上端为行名，正面为两面旗帜，绘有镰刀、斧头（锤子）、五角星图案，左右侧为发行时间与发行编号。背面全文为一首《十月革命歌》，歌词内容通俗押韵，全文如下：苏俄同志，艰苦奋斗，革命数十年。劳农专政，劳农政府，于今已实现。十月革命，所得教训，大家牢牢记。中华革命，十月之路，我们来开辟。（图三三）

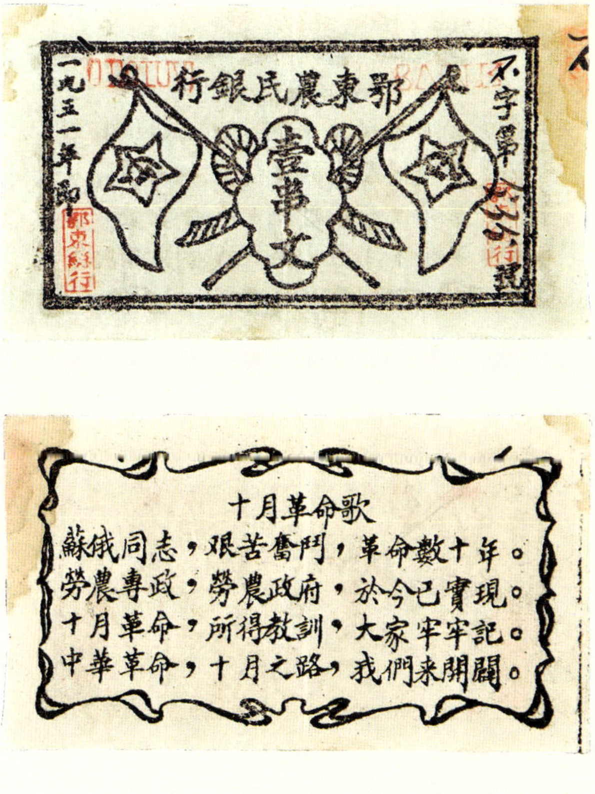

图三三　鄂东农民银行一串文铜元票

因为货币的流通性较强，在货币上印制相关政策纲领与革命口号是一种非常有效的宣传方式。目前，在湘鄂赣根据地货币上，我们可以看到《苏维埃经济政策》《十月革命歌》《中国共产党十大政纲》等革命政策与纲领内容，革命前辈借助货币的流通性，广泛地宣传了革命精神。1932年鄂东南工农银行发行的五百文铜元券背面还出现了《告劳苦群众书》，旗帜鲜明地指出“工农银行是为工农谋利益而设立的……工农即是银行主人”，发行货币的目的是“发展苏区生产事业，冲破敌人经济封锁”。（图三四）

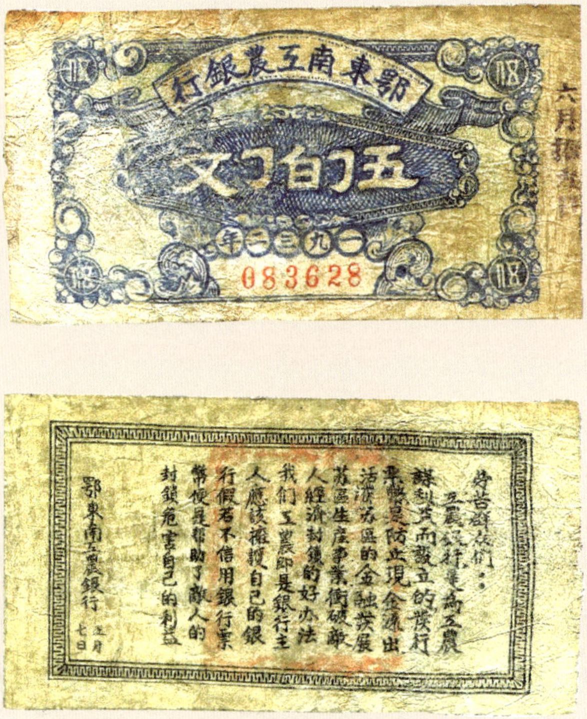

图三四 鄂东南工农银行五百文铜元券

第六节 闽浙赣革命根据地货币

1928年1月，方志敏、邵式平、黄道等人发动领导了“弋横起义”（江西横峰、弋阳），创建了赣东北革命根据地。同年10月，福建崇安等地党组织领导农民起义，创建了闽北革命根据地。1930年11月，成立赣东北省委，唐在刚任书记，同时成立赣东北省苏维埃政府，方志敏任主席。1932年底，赣东北根据地扩大到闽浙赣三省。1932年12月，方志敏领导创建的赣东北革命根据地与陈耿领导创建的闽北革命根据地合并为闽浙赣革命根据地，成立闽浙赣省苏维埃政府，方志敏当选为主席。

1934年11月，红十军同红七军团（北上抗日先遣队）合编为红十军团，刘畴西任军团长，乐少华任政委，同时成立了军政委员会，方志敏任主席，继续执行抗日先遣队的斗争任务。先遣队在转移中因遭受敌人围攻而失败，余部突围到浙南地区，在粟裕、刘英等领导下继续坚持游击战争。闽浙赣革命根据地之前设立有赣东北特区贫民银行、赣东北省苏维埃银行及闽北分行，后在此基础上设立了闽浙赣省苏维埃银行和闽北分行，先后发行了银币、银元票与铜元票。

（一）赣东北省苏维埃银行币

1930年10月，在中共赣东北特委的组织与领导下，赣东北特区贫民银行在上饶市弋阳县芳家墩成立，经方志敏提名，行长由财委会主席邵忠出任。贫民银行成立的基础是当地的几家农村合作社，弋阳县地处江西省东北部，位于信江中游，由于自然条件优越，当地农牧渔业经济发展较好。合作社不仅低息贷款给贫苦农民，同时还帮助农民解决农产品的销售问题，对促进当地经济发展起到了重要作用。

银行成立之后，为了进一步刺激革命根据地市场经济，曾于1931年发行过“赣东北特区贫民银行银元兑换券”，面值有二角与五角两种。这两种纸币设计风格相同，正面有五星党徽图案，背面为银行公告。当时，这两种兑换券深受民众喜爱，由于货币发行准备金充足，兑现快捷、方便，为贫民银行奠定了良好的群众基础。1931年底，赣东北特区贫民银行改称为赣东北省苏维埃银行。经省苏维埃政府批准，银行自1932年6月起陆续发行新币。

新币被称为“赣东北省苏维埃银行币”，仍属银元兑换券，有一角、五角、一元三种面额。以一元币为例，该币正面有黄绿底的红色套印，上端是行名，底纹中有空心体“省苏银行”四字，中间为中国工农红军军旗，下端时间是1932年，同时还印有“新制钞票第一期”“省苏印刷局印”等字样。背面系红底深蓝色套印，整版为银行发行公告。（图三五）此后，由于根据地规模快速发展壮大，至1932年底，赣东北省苏维埃银行再次更名为闽浙赣省苏维埃银行。

实际上，赣东北省苏维埃银行还有一家分行，行址位于闽北地区的崇安县，故称“赣东北省苏维埃银行闽北分行”。1931年冬，分行正式成立，徐福元任经理，配有7名工作人员。因闽北与赣东北根据地并不相连，是两片独立区域，所以闽北分行是在赣东北省苏维埃银行指导下独立

图三五　赣东北省苏维埃银行一元币

开展金融业务的。1932年初，闽北分行在崇安各区县募集开业股金，每股一元银元，在此基础上发行了一系列银元券，目前见到的实物主要有一角、两角、五角、一元四种券别。（图三六）

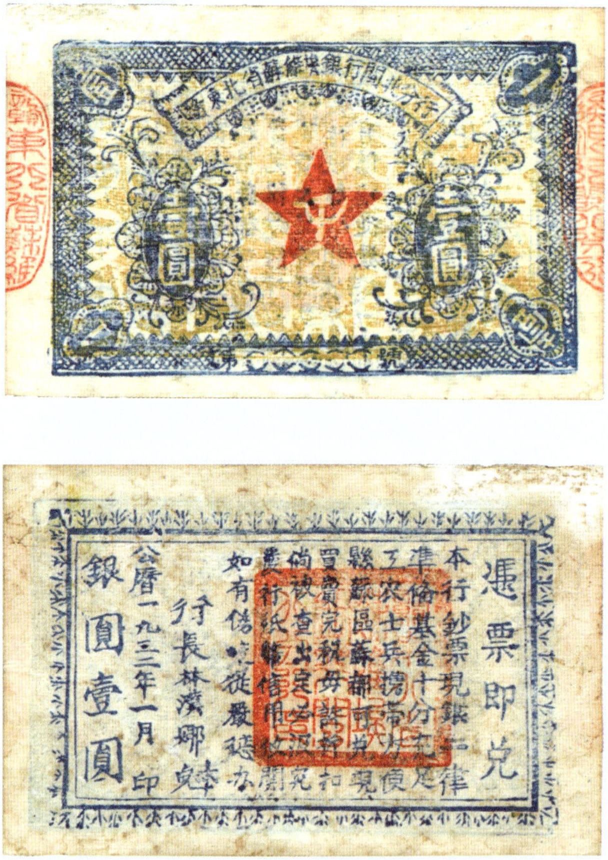

图三六 赣东北省苏维埃银行闽北分行一元券

（二）闽浙赣省苏维埃银行币

1932年底，赣东北省苏维埃政府改组为闽浙赣省苏维埃政府，闽浙赣省苏区扩大到四省二十多县，人口达100余万。随后，赣东北省苏维埃银行改称为“闽浙赣省苏维埃银行”，行址位于横峰县，行长张其德。

1933年上半年，闽浙赣省苏维埃银行开始发行银元票，目前见到的有一角、一元两种。这两种纸币的整体设计风格与之前发行的“赣东北省苏维埃银行币”相同，由于生产技术落后，加之纸张质量不高，目前见到的实物大都破损严重，而且票面文字、图案油墨多有脱落，甚至出现无法辨认的情况。（图三七）

图三七　闽浙赣省苏维埃银行一元券

图三八 闽浙赣省苏维埃银行铜元票

为了进一步便利市场交易，特别是小商品、生活用品的日常交换，闽浙赣省苏维埃银行在发行银元票的同时，还印制了面额为十枚的铜元票。这种铜元票使用了木刻技术，用多个刻制好的木块拼在一起，票面文字、图案设计简单，背面为全素。（图三八）当时，铜元票主要作为银元票的辅币使用，二者混合流通。还有一点需要特别指出：即便是银行多次更名，但新发行的纸币往往可以与之前发行的货币保持稳定的兑换关系，群众既可以使用旧票，也可以将旧票按照原面值兑换成新币，这对于稳定根据地市场金融，增强民众对根据地银行的信心具有重要的作用。

1933年初，闽北根据地为了解决对银元的大量需求，根据闽浙赣苏维埃政府指示由闽北分行行长徐福元牵头，在福建崇安大南坑办起了铸币厂，民间又称花边厂。此后，铸币厂大量仿铸过“袁大头”银币、孙中山侧面头像银币、墨西哥鹰洋等。1934年4月，为了粉碎敌人第五次“围剿”，铸币厂开始自主设计银币样式，并发行了军用银元。

目前见到的军用银元主要有两种。其一，正面内铸“壹圆”二字，外缘环铸“闽浙赣省苏维埃政府”“一九三四年”字样，背面中间系地球、镰刀、锤子混合图案，环铸“粉碎敌人五次围攻决战临时军用币”字样。（图三九）其二，正面铸有“闽浙赣省苏维埃政府”“壹圆”“一九三四年”字样，背面有列宁侧面像和花枝纹饰。军用银元的含银量较高，可以达到94%，而市面上流通的银元最多只有90%左右，据记载，该银元发行大约2000枚。1934年11月，闽浙赣省的主力红军北上，革命根据地变为游击区。12月，铸币厂被迫向江西转移，军用银元停铸。

图三九　闽浙赣省苏维埃政府银币

金融人物：张其德

张其德，1874年10月2日出生于江西省德兴县张村乡祝家营一个贫苦农民家庭。幼年读过三年私塾，写得一手好字，打得一手好算盘。1928年，他在张村领导农民团暴动，1929年调任信江苏维埃政府财政委员会工作，不久任红十军供给部部长。1930年后历任赣东北特区苏维埃政府财政委员会主席、赣东北特区贫民银行行长、赣东北省苏维埃银行行长、闽浙赣省苏维埃政府财政部部长、闽浙赣省苏维埃银行行长。1932年9月20日，红十军攻克福建浦城，张其德进城后，立即展开工作，筹款100万元，银元5万多块，黄金2000多两。1935年7月，张其德留守打游击时在德兴横港山被捕，全面抗战爆发后获释，在南昌新四军驻赣办事处从事后勤工作。1938年6月，他再次被国民党逮捕，7月在上饶市郊就义。张其德为人忠厚，廉洁奉公，长期管理财政、银行，手握重金，却恪守清贫，从不以权谋私。一次，其妻向他求取数元钱以补贴家用，遭到严词拒绝，说："公家的钱，我一分一厘也不能动！"

第七节 鄂豫皖革命根据地货币

鄂豫皖革命根据地的地理范围主要包括鄂豫边、豫东南、皖西三块区域，处于湖北、河南、安徽三省交界的大别山一带。1927年，黄麻起义爆发后，大别山区的革命迅速形成了燎原之势，发展迅猛。1930年春，中共中央决定将湖北省的黄安、麻城、黄陂、黄冈、孝感、罗田、应山、安陆，河南省的商城、光山、潢川、固始、息县、罗山，安徽省的六安、英山、霍山、颍上、寿县、合肥等地划归鄂豫皖特别区，并建立中共鄂豫皖边特别区委员会，统一领导边区的革命斗争。6月，在光山县召开了鄂豫皖边区第一次工农兵代表大会，鄂豫皖苏维埃政府成立，甘元景任主席。

1931年5月12日，经中共中央研究，决定成立鄂豫皖中央分局，张国焘担任中央分局书记。1932年1月，成立中共鄂豫皖省委，隶属中央分局领导，由沈泽民担任省委书记。鄂豫皖边特区苏维埃政府由此改为鄂豫皖省苏维埃政府。1931年11月，红四方面军在湖北省红安县七里坪成立，徐向前任总指挥，陈昌浩任政委。

土地革命时期，鄂豫皖革命根据地先后建立的银行有皖西北特区苏维埃银行、鄂豫皖特区苏维埃银行、鄂豫皖区苏维埃银行、鄂豫皖省苏维埃银行、鄂豫皖省苏维埃工农银行、鄂豫皖苏维埃经济公社、鄂豫皖省苏维埃政府工农银行。上述银行基本上都发行过货币，从目前见到的实物来看，有纸币、银元、铜元、布票等多种类型。1932年10月，红军撤离鄂豫皖根据地，苏区票币即停止发行与流通。

（一）皖西北特区苏维埃银行币

1929年11月，六安霍山起义爆发，皖西北苏区随之建立。1931年5月，皖西北特区苏维埃银行在金家寨成立，吴保才任行长，行址设在金家寨吴志和药店内。当时，皖西北特区苏维埃银行经营业务主要包括发行货币、发放贷款、代理金库、办理财政存款、拨付红军经费等。

皖西北特区苏维埃银行发行了四种面额的纸币，计有二角、一元、二元、五元等券别。以一元券为例，该币正面为茶绿色和蓝色，上端印行名，中间主图系克里姆林宫，“克里姆林”在俄语中意为“内城”，它位于俄罗斯首都最中心的博罗维茨基山岗上，南临莫斯科河，西北接亚历山大罗夫斯基花园。在红色革命时期，克里姆林宫曾作为红色革命的标志性建筑，多次出现在我国印刷品上。背面呈深绿色，上方印有“争取全国苏维埃胜利”革命口号，左边是马克思头像，右边是地球托起的数字“1”。该币设计美观，图像印制精美，是土地革命时期红色货币中难得一见的精品。（图四〇）

目前，还见到两类铜元，属于皖西北苏区造币厂发行的。第一类是二十文铜币，该币正面印有“皖西北苏维埃造”，中央系五角星图与币值，背面有镰刀、锤子（斧头）图案，外圈为“全世界无产阶级联合起来”的革命口号。（图四一）第二类是五十

图四〇 皖西北特区苏维埃银行一元券

文铜币，设计图案与二十文铜币基本相同。这两类铜元的铸造量较少，故存世罕见。从目前见到的实物看，这两类铜元大都铸造粗糙，文字图案非常模糊，这应与当时铸造工艺落后有关系。据说，由于当时根据地缺少铜料，便收集了大量使用过的废旧弹壳作为原材料铸造铜元，子弹用铜是精黄铜，硬度较高，因此在铸造时无法清晰地压印出图案与文字。

图四一 皖西北苏维埃二十文铜币

金融人物：吴保才

吴保才，又名吴宝才，化名吴家恒，代名鲍岗，1895年出生于安徽省凤台县桂集乡中郢村，1927年加入中国共产党。1931年5月，中共皖西北特区委员会成立，吴保才被选为委员。同时皖西北特区苏维埃银行在金家寨成立，吴保才任行长。年底，皖西北特区改为皖西北道区，他又被选为道区苏维埃政府主席。这时特区的经济贸易遭到国民党的严重封锁，苏区的土特产销不出去，同时又急需纸、盐、药等物资。为了开展反“围剿”斗争，吴保才在苏区实施了一些调整措施，对给苏区运进食盐、粮食、药品和纸张的商贩予以特别优惠。另外，他又积极开展以生产粮食为中心的“粮食运动周”活动，组织苏区干部、群众种粮食、瓜菜，使苏区的经济很快得到恢复和发展。1934年张国焘实行“左”倾肃反路线，吴保才被诬陷为“改组派”遭错杀，时年39岁。1957年，吴保才被追认为革命烈士。

（二）鄂豫皖特区（区、省）苏维埃银行币

1930年10月，鄂豫皖特区苏维埃银行在黄安县七里坪悄悄进入筹备阶段，行长暂定由郑位三兼任，行址设在七里坪北街鼎泰祥当铺内。当时，

计划银行之下设置一个石印科，负责货币的印制工作。石印科有两台石印机，系湖北黄陂印刷工人芦楚桥、芦汉桥兄弟二人所带来。原本二人是打算到河南潢川、息县一带做石印生意，途经根据地时被特区苏维埃政府说服留下，为红军服务。1931年2月，红军打下光山县新集镇之后，鄂豫皖党政军机关由七里坪等地迁到新集。1931年5月15日，鄂豫皖特区苏维埃银行在新集正式成立，行长郑义斋、会计曹学秀、出纳李正山、保管员汪泽芸，当时银行共有职工九人。

特区银行发行的货币有两种，均为纸币，面值为五角和一元，这两种纸币的设计元素和图案基本上沿袭了原皖西北特区苏维埃银行币，改动不大。纸币发行之后颇受群众欢迎，5月24日，鄂豫皖中央分局书记兼军委主席张国焘向中央报告：特区银行已于本月15日开幕，信用非常之好，农民都是用银行纸币，不要非苏区的票子。只七里坪一处，几天工夫已用4000元。现在来不及印刷大批纸币来供应市面。

1931年7月，鄂豫皖苏区召开第二次工农兵代表大会，选举产生了新一届苏维埃政府，定名为“鄂豫皖区苏维埃政府”。为了与新政府的名称相对应，鄂豫皖特区苏维埃银行遂改称“鄂豫皖区苏维埃银行”，并重新由石印局设计、印刷了五角与一元两种面额的银币券。

一元券正面主景是克里姆林宫图案，文字有行名、面值、“全国通用”“一九三一年”字样，左侧压盖篆体“苏维埃银行”黑色钤记。背面上方印有俄文“苏维埃银行”，中为克里姆林宫局部图，下为俄文“鄂豫皖特区印刷局印”缩写，并加盖“全世界无产阶级联合起来”与“鄂豫皖苏维埃银行印”字样。（图四二）新币发行之后，原鄂豫皖特区苏维埃银币券仍

图四二 鄂豫皖区苏维埃银元一元券

可以使用。1932年1月，鄂豫皖区苏维埃银行改组为鄂豫皖省苏维埃银行后，两种银币券停止发行。同时推出鄂豫皖省苏维埃银行两种新票，面值依然是五角、一元两种，新票样式与老票基本相似。

（三）鄂豫皖省苏维埃工农银行币

实际上，鄂豫皖省苏维埃工农银行既不是一个新的银行，也不是在原鄂豫皖省苏维埃银行的基础上改名而成。它就是鄂豫皖省苏维埃银行，是鄂豫皖省苏维埃银行的另外一个行名。

根据相关研究，1932年1月21日，鄂豫皖省苏维埃工农银行名称第一次被正式使用，并发行了二角（图四三）、五角和一元券三种纸币。出现这一行名主要是因为工农银行纸币的印刷工作是由皖西北道特区银行代印而成，为了更好地把握市场货币流通数量，故增加“工农”二字进行区别，这并不属于银行行名的变更。

图四三 鄂豫皖省苏维埃工农银行二角券

图四四 鄂豫皖省苏维埃工农银行一元币

与之同时，鄂豫皖省苏维埃政府还委托皖西北道区造币厂铸造了少量一元银币，该币含银量达88%。正面外缘铸有“鄂豫皖省苏维埃政府”“工农银行”“一九三二年造”，中间圆圈内为“壹圆”面值；背面有镰刀、锤子、地球图案和“全世界无产阶级联合起来啊”的革命口号。（图四四）皖西北造币厂每满十天还浇铸净重五两的银锭，专用于向白区购买食盐。

红军主力撤离根据地后，中共鄂豫皖省委组建了红二十五军，继续坚持游击战争。为了革命斗争的需要，鄂豫皖省苏维埃政府还以经济公社的名义发行了铜元票（图四五）与油布票（图四六）。油布票的产生具有深刻的历史背景，由于敌人经济封锁严厉，斗争环境恶劣，这造成游击区纸张极度缺乏，他们只好使用白布印刷货币。白布来源于战斗中缴获的医用布匹，将白布剪裁成票券要求大小，在木刻版上一张张印刷，印刷好以后，再刷上桐油，吊在绳子上晾干后即可使用。油布票经久耐用，目前见到的有一串文、二串文、三串文、五串文、二十文、一百文、五百文共计七种。1935年，红二十五军撤离鄂豫皖根据地北上抗日后，经济公社流通券停止发行。

图四五　鄂豫皖苏维埃经济公社铜元票二串文

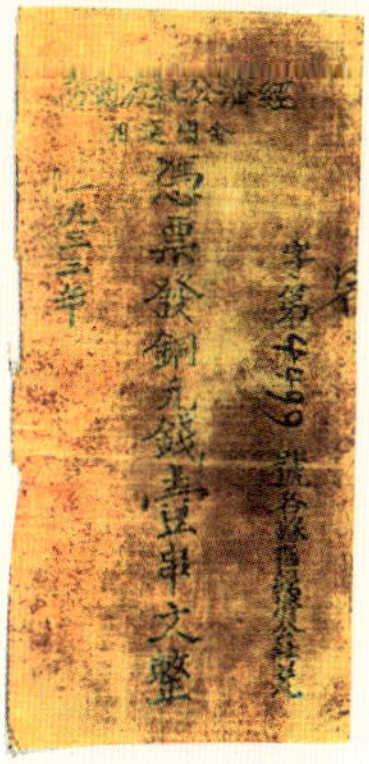

图四六　鄂豫皖苏维埃公社油布票

第八节 川陕革命根据地货币

1932年10月，国民党集中了几十万兵力，对湘鄂西、鄂豫皖苏区进行围攻，红四方面军主力退出鄂豫皖革命根据地，向西转移，于同年底到达川陕一带；后与当地革命武装会合，攻下南江、通江、巴中等县，先后建立了40多个县苏维埃政权。1933年2月，成立了川陕省苏维埃政府，辖区约四万两千平方公里，人口约600万（一说500万），成为土地革命时期全国第二大革命根据地。

为了促进金融流通，省苏维埃政府建立之后即开始筹建川陕省苏维埃政府工农银行。总行设在通江县得汉城，与红四方面军总经理部在同一地办公。红四方面军总经理部部长郑义斋兼任行长，廖静民任秘书。总行设有财经、保管两科。财经科负责会计和业务，保管科负责保管、收兑金银和货币出纳。

1933年12月4日，川陕省苏维埃政府工农银行在通江县城正式成立，又称中华苏维埃共和国川陕省工农银行，并在通江等地设立分行。工农银行先后发行了银币、铜币以及各类兑换券。兑换券有银元兑换券和铜元兑换券，从材质上看有纸质和布料两种。1935年4月，红四方面军撤离川陕根据地，货币发行工作随即停止。

（一）中华苏维埃共和国川陕省造币厂银铜币

1933年10月20日，红军歼灭了四川地方军阀刘存厚的主力部队，攻克达县，缴获了绥定府造币厂的大批先进设备。11月18日，川陕省造币厂成立，厂址设在通江城郊西寺。

川陕造币厂铸造的银币主要有两种：一种由革命政权自主设计，银币的正面有“中华苏维埃共和国”“川陕省造币厂造”“壹圆”等字样，背面有地球、镰刀、锤子及“全世界无产阶级联合起来”口号与发行时间“一九三四年”。（图四七）第二种则是仿造市面上较为常见的“袁大头”、孙中山头像或川版“汉”字银币。前者主要在根据地内部使用，后者则主要到敌占区购买医药、道林纸等根据地无法生产的物资。

为了保障川陕苏区的物资供应，红四方面军总供给部主任、川陕省苏维埃政府财经委员会主任兼银行行长郑义斋对驻陕南的国民党三十八军孙蔚如部做了大量的统战工作，建立了一条由陕南到苏区的红色交通线。通过这条红色运输线，川陕苏区转运出自铸银元，把无线电器材、药品、医疗器械及一些紧缺的生活用品从敌占区转购过来，运入苏区。

图四七 川陕省苏维埃一元银币

图四八 川陕省五百文铜币

1934年12月，红军开始撤离川陕根据地，为了对人民负责，用银元把群众手中的纸币、布币基本上全部兑换收回。

川陕省造币厂在生产银币的同时，也铸造了大量铜币。目前见到的实物主要有1933年二百文和1934年二百文、五百文（图四八）三种，均以红铜为原料。据资料统计，川陕省苏维埃造币厂的每日生产量可达800块左右银元、5000枚铜币，铸币总量之大在土地革命战争时期居各根据地首位，为突破敌人的经济和军事封锁做出了巨大贡献。

金融人物：郑义斋

郑义斋，原名邓少文，河南许昌人，1901年生。1923年参加京汉铁路工人大罢工。1927年加入中国共产党。1930年在上海以“义斋钱庄”经理身份从事秘密活动，从此改名郑义斋。1931年，顾顺章、向忠发被捕叛变后，郑义斋根据党的指示，认真处理完钱庄的善后工作，于1932年春由上海前往鄂豫皖根据地，继郑位三之后担任民主政府财政委员会主席兼工农银行行长，红四方面军经理处处长。

他是一个出色的后勤工作者。在第四次反“围剿”时，为了保证前方红军作战的需要，郑义斋积极组织力量，筹集军火、粮食、衣服和医药用品等大量物资，支援红军作战。1932年10月随红四方面军主力向西转移入川。1933年2月，郑义斋任川陕省财政委员会主席。同年夏，担任红四方面军总经理部部长，兼任兵工厂厂长。在金融方面，郑义斋担任川陕省工农银行行长、造币厂厂长。对于银行工作，当时大家都不懂，只有郑义斋是专家。他根据苏区的具体情况，向上级提出了银行工作的方针，得到领导的同意。川陕苏区银行的开业和货币发行，对于活跃苏区物资流通、稳定苏区物价、促进苏区经济发展、粉碎敌人经济封锁、保证红军军需供应、支持革命战争、保卫苏维埃政权，起到了重要作用。

1935年，红四方面军离开川陕革命根据地开始长征。郑义斋率领总供给部及所属工厂，随部队行动。所到之处，他即刻组织就地筹集粮食和物资。1937年3月14日在赴西路军总指挥部途中，被国民党军包围。为了不使携带的经费落到敌人手里，郑义斋当机立断，命令战士张开清带上黄金和银元冲出去，自己组织掩护。在激战中，郑义斋壮烈牺牲，时年36岁。

（二）川陕省工农银行铜元兑换券

在1933至1934年间，工农银行先后发行了两种铜元票（一串文、三串文）及一种银元票。其中，两种铜元票的设计颇具特色。一串文票正面蓝色，中央为列宁头像，票面左右两侧为两条篆书的革命口号，“增加工农利益”“发展社会经济”，下端英文“THE BANK OF SOVIET”，意为苏维埃银行，面值“壹串”两字被红星覆盖。背面系绿色，呈现出一幅完整的漫画，主构图为一重拳狠狠地砸向下端的两个人物，这两个人物一个代表军阀，一个是地主阶级的化身，两人抱头鼠窜、狼狈不堪。这幅漫画不仅说明红色革命的目标是打倒军阀、推翻地主等压迫阶级，而且还告诉世人，革命的力量是无穷的，革命必将胜利！（图四九）

图四九 川陕省苏维埃政府工农银行一串文票

三串文的票面设计呈竖式，正面使用了黄绿、蓝、红三色套印，上端行名、五角星使用红色，面值黄绿色，中央有三名骑马的红军战士，马色一红二蓝，下面有三句革命口号“土地归农民”“政权归苏维埃”“八小时工作”，这是当时比较常见的革命纲领。下端英文行名翻译为“The Worker and Peasant’s Bank”，意为工人和农民的银行，这个翻译是比较准确的。背面的图案设计非常精美，整个票面的底景是淡色的镰刀、锤子和五角星图案，列宁是半身像，身着黑色西装，系红色领带，眼神坚定，一手紧握革命大纲，一手握拳，上下端各有一句革命口号“全世界无产阶级联合起来”“坚决保卫赤区”。三串文铜元票主题鲜明、印刷精美、内涵丰富、革命特征浓厚，是红色货币中难得的精品。（图五〇）

图五〇　川陕省工农银行三串文票

两种纸币发行之后，受到了根据地群众的热烈欢迎，成为市场交易的首选货币，地方杂钞由此被排除在流通范围之外。随着市场对新币的需求越来越大，而此时根据地却无法供应更多的纸张，于是布票便应运而出。目前见到的有二串、三串、五串和十串四类，布票以白布为多，蓝布次之，绿布和红布非常少见。布币的票面设计呈竖式，同样美观大方。以三串文为例，该币正面主图是五角星中的一个拳头，象征着革命的力量。背面看似为一片不规则的图案，实际上是两行特殊字体的艺术字，为“增加工农生产”“发展社会经济”十二个字，字体不易辨认，显然是在当时有限的印刷条件下精心设计的防伪手段。（图五一）

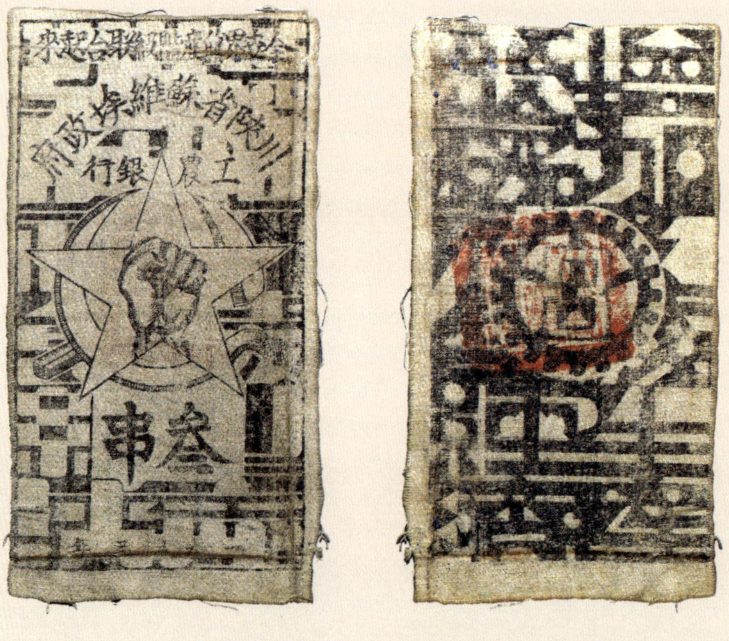

图五一　川陕省苏维埃政府工农银行布币三串文

从1932年红军入川伊始，郑义斋就注意收集印钞机器，招募造币工人，积极筹办银行，发行货币。土地革命时期，有10个革命根据地铸造了银币，但因受到国民党政府的经济封锁，大都无法建立起一个体系完整的货币系统。而川陕省苏维埃通过大量铸造银币，建立了以银币为本位币，以铜币、锡币为辅币的自主货币体系。这些货币在支持革命战争、保障军民供给、稳定市场金融、促进根据地经济发展等方面发挥了重要的作用。

金融往事：陈锡联不识黄金砖

陈锡联，中华人民共和国开国上将，曾任中央军委常委。1915年1月4日，陈锡联出生于湖北黄安（今红安）高桥陡山彭家村。1929年在家乡参加游击队，同年秋编入中国工农红军第十一军。陈锡联1930年加入中国共产主义青年团，同年转入中国共产党。1931年在红四方面军任连政治指导员，参加了鄂豫皖苏区历次反“围剿”，其后参与了川陕苏区的开辟工作。这里讲述的是一个陈锡联早年在川陕根据地发生的趣事。

1933年10月，陈锡联率部缴获了四川军阀刘存厚的大批财产，其中有一大堆金砖。由于他出身贫苦人家，自小就没见过金砖，这回见了不知道是什么东西，还以为是黄色的土砖，晚上睡觉的时候，就把很多金砖搬来垫在床下。

第二天，红三十军政委李先念和后勤部主任郑义斋前来视察，郑义斋见此情景惊呆了，大声说：“陈锡联你好大的胆子！这么贵重的东西竟敢不上交！”

陈锡联也愣了，说：“这不就是些黄砖吗？交这些玩意干什么？”这下，连李先念都笑了，说：“锡联啊，你和我一样，只听说过金砖，但不知道就是这玩意，今天真是开了眼界！”

在共产党发动的“打土豪、分田地”的革命斗争中，郑义斋看到有些同志把从地主豪绅那里没收的贵重物品、高档家具、珍奇古玩看成奢侈品，将其砸得稀巴烂，或是付之一炬，便十分心疼和气愤。他在一次干部会议上说：“一切财富都是人民大众创造的。这些好东西，是过去地主老财们剥削掠夺我们穷人的。现在打倒了他们，好东西又回到了主人手里。我们为什么偏要打碎砸烂呢？我们是真正的主人，应当珍惜它们。只有劳动人民才有享用它们的权利！”之后，部队打到哪里，郑义斋就跟到哪里，同地方党组织一起组织人力，迅速将战利品清点、归类、装运、入库，为革命积累了大批财富。

第九节　陕甘革命根据地货币

陕甘革命根据地是由陕甘边和陕北两个苏区发展而成的。1927年10月至1928年5月间，谢子长、刘志丹发动清涧起义、渭华起义、旬邑起义，建立了红军游击队。1931年10月，以晋西游击队为基础组成的陕北支队开始转战至陕西、甘肃两省边界地区，并与刘志丹领导的南梁游击队会合，组成西北抗日反帝同盟军。1932年2月，同盟军改编为中国工农红军陕甘游击队。12月，游击队又改编为中国工农红军第二十六军。此后，二十六军相继开辟了以照金为中心的五县边界根据地和以南梁为中心的六县交界地区根据地。1934年，红军粉碎了国民党反动派发动的第一次“围剿”后，两块根据地连成一片，在此基础上建立了陕甘边区革命委员会。11月，陕甘边苏维埃政府在华池县成立，习仲勋任主席，刘志丹任军委主席。

1928年1月，中共陕西省委决定成立中共陕北特别区委员会。1932年3月，中共陕北特别委员会开始建立红军游击队，在清涧、延川、横山等陕北区域开展游击战争，创建革命根据地。至1934年8月，红军游击队共开辟了安定、绥清、葭吴、神府四块根据地。1935年1月，陕北省苏维埃政府成立，马明方为主席。红军游击队扩编为中国工农红军第二十七军。

1935年2月，中共西北工作委员会和西北革命军事委员会在赤源县成立，统一了对陕甘边和陕北革命根据地的领导。随后，经过5个月的浴血奋战，红军粉碎了国民党军的第二次“围剿”，根据地连成一片，下辖三十余县，面积达三万多平方公里，人口七十余万。土地革命战争后期，当南方大部分革命根据地丢失后，“陕甘”成为“硕果仅存”的一块革命根据地。它成为党中央和红军长征的落脚点，也是八路军奔赴抗日前线的出发点。

（一）陕甘边区根据地纸币

长期以来，陕甘一带的货币流通比较混乱。国民党政府钞票不断贬值，老百姓不愿使用，银元和实物不便携带，市场缺少小额辅币，严重阻碍了商品交易。陕甘边区革委会成立后，为了稳定当地金融、促进市场商贸流通，恢复了因历史原因而停止了十几年的荔圆堡集市，此后每逢赶集，人流不断，甚至白区的商人也来此购买商品。由于缺少交易筹码，革委会决定发行一种布质银元兑换券，以满足市场流通使用。

银元兑换券使用粗白布代替纸张，手工印制而成，印后再用桐油处理。目前见到的实物有一角、二角、五角、一元等四种面额。正面印有“全世界无产阶级及被压迫民族联合起来”“随时兑换现金”“提高工农生活”等字样，发行时间是1934年；背面没有图案，仅正中印有陕甘边区银行的一个印章。实际上，当时还未设立银行机构，只设立了四家货币兑换所。“油布币”发行流通约有半年时间，现存极少。（图五二）

1935年初，陕甘边区设立了陕甘边区农民合作银行，负责人是杨玉亭，同时发行了布质陕甘边区农民合作银行兑换券，简称“农民券”。该券由陕甘边区财政委员会下属的货币厂印制，在甘肃、陕西交界一带流通，面额有一角、二角（图五三）、五角、一元四种。为了保障“农民券”的顺利流通，银行设立了苏币兑换处，每逢集日，群众可使用银元、布匹兑换“农民券”。

图五二 陕甘边区油布币

图五三 陕甘边区农民合作银行布币二角券

1935年4月，国民党调集陕、甘、宁、晋四省军队共计五万余兵力向陕甘边区和陕北根据地发动大规模“围剿”。陕甘边区苏维埃政府迁至陕西甘泉县。陕甘边区农民合作银行于是改称陕甘省苏维埃银行，行址设在甘泉下寺湾，仍由杨玉亭负责，停止发行“农民券”。同年7月，陕甘省苏维埃银行发行了纸质银币券，有一角、五角、一元等三种面额，此外还有铜币券一种，面值二十枚。

（二）陕北省苏维埃政府币

1935年1月，陕北省苏维埃政府在赤源县白庙岔成立，马明方为主席。陕北省苏维埃政府成立之后，为解决红军部队军费和新政权机关行政费用，也为解决当地辅币不足的问题，从1935年6月开始，苏维埃政府财政部在今延川县永坪镇石油沟村设立了一个印刷所，以陕北省苏维埃银行的名义（银行并未成立）印刷纸币，由苏维埃财政部部长艾楚南亲自管理。纸币是用木头刻版，在纸张上单面印刷的，面额有一分、二分、五分、一角、二角等五种。每逢赶集，财政部工作人员便用这些纸币与群众兑换银元，便于交易日常用品，颇受群众欢迎。

陕北省苏维埃还用土法打造银币和铜币。铜币“二分”面额，有镰刀铁锤图案和“中华苏维埃”字样。银币面值“壹圆”，一面是“中华苏维埃共和国五年制”，另一面为镰刀铁锤图案和“全世界无产阶级及被压迫民族联合起来”字样。银币用缴获的白银为原料，由于工艺简陋，实际只打造了2000枚左右。且因为其成色很好，有不少银币被银匠回收并打造成手镯、项链等饰品，故造成这种银币存世极其少见。（图五四）

1935年9月，陕甘晋省委成立后，陕北省苏维埃银行随即改为陕甘晋省苏维埃银行，遂将原来的印刷所扩充，开始印制陕甘晋苏维埃银行纸币，10月印刷所迁往安定县瓦窑堡。当时没有专门的银行机构，金融工作

图五四 中华苏维埃银元

的总负责人仍是艾楚南。钞票上的“陕北省苏维埃银行”改为“陕甘晋省苏维埃银行”，面额有一分、二分、五分、一角、二角、五角六种。

（三）中华苏维埃共和国国家银行西北分行币

1934年10月，中央苏区机关及红一方面军开始长征。中华苏维埃共和国国家银行结束了在中央苏区的业务，随部队一起长征。参加长征的工作人员以行长毛泽民为首，主要干部有曹菊如、钱希均、黄亚光等共十四人，还有一个警卫连以及200人左右的运输队。他们在长征时，携带着银行印钞厂的石印机、石版、油墨、纸张，还带上了银行库存的货币、资金共有100多担，其中有黄金两担、银元几十担、银毫和铜币若干担、国家银行纸币几十担。

1935年10月，中央红军到达陕北吴起镇，和西北红军胜利会师。中华苏维埃共和国国家银行一行到达陕北瓦窑堡时，只剩下两担金子，十四位干部在路上牺牲了六人。11月下旬，中华苏维埃共和国国家银行与陕甘晋省苏维埃银行合并，改名为中华苏维埃共和国国家银行西北分行，中央财政部部长林伯渠兼任行长，曹菊如任副行长兼会计科长，贺子珍任发行科科长兼印刷所所长，黄亚光负责货币设计工作。西北分行建立后，发行了五种面额的纸币和三种面额的布币，其中布币一角券为斯大林的头像，一元券为列宁头像（图五五）。

1936年2月，红军跨过黄河向山西、绥远进军。由于国民党军的阻挠和“围剿”，5月初，红军撤回河西。经过两个多月的东征，部队带回了大量战利品，包括金银、货币和纸张。6月底，中华苏维埃共和国国家银行西北分行更名为“中华苏维埃人民共和国国家银行西北分行”，并随党政领导机关西迁至保安县，开始发行新币。

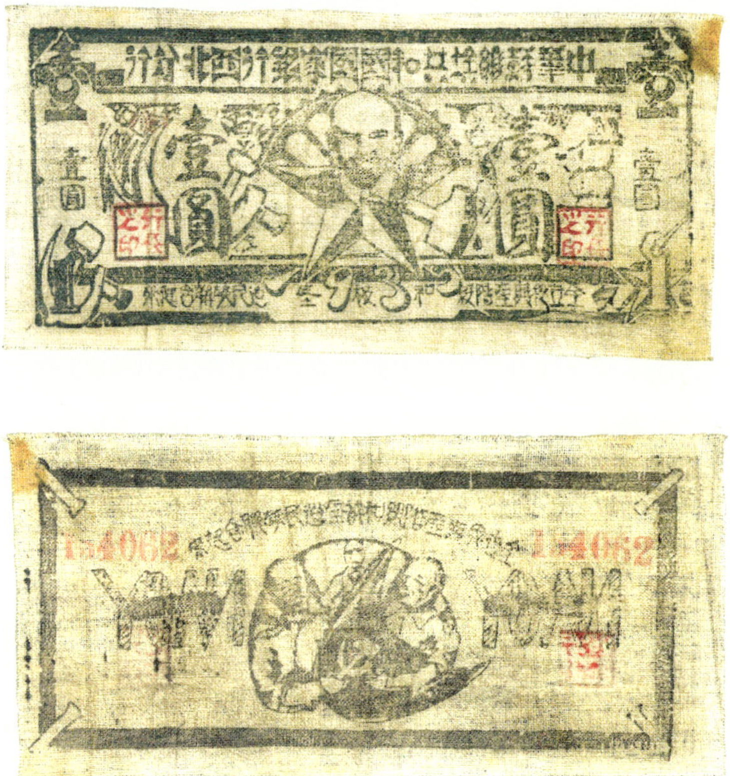

图五五 中华苏维埃共和国国家银行西北分行布币一元券

由于红军东征时缴获了石印机和道林纸，又从上海买到了一台石印机，新钞的印刷质量得到了显著提高。新钞角券使用白布料印刷，一元券和二元券则使用了缴获的道林纸。同时，新币票面还频繁出现了拉丁文字，这与当时根据地大力推行拉丁化新文字有关。当时，一些文化界人士主张推行拉丁化新文字，中共中央对这一文化新动向十分关注，认为此举对扫除文盲、提高人民素质有很大帮助，并给予了积极支持。因此，西北分行的钞票上也增加了拉丁化新文字书写的革命口号。

以二元券为例，该券正面黑底红色套印，上端印有行名“中华苏维埃人民共和国国家银行西北分行”，票面中央为一幅红军战士向人民群众演讲图景，左右两侧使用了大红色标注面值，下方有一长串拉丁文字，内容为“停止内战，一致抗日”；背面则为白素。（图五六）1936年6月，毛泽东、贺子珍来到印钞所，在听取了印钞工人的汇报后，毛泽东说：“你们支持了苏维埃政府，支持了苏区人民，支持了红军。”他鼓励大家继续把苏区的印钞工作做得更好。

图五六 中华苏维埃人民共和国国家银行西北分行二元券

土地革命时期根据地货币种类繁多、形式多样，与北伐战争时期农民协会货币相比，无论是发行规模，还是流通区域，都呈现出快速扩大之势。在1927至1937年这十年间，红色货币发行工作经历了无数艰难困苦，同时也积累了许多经验与教训，这为抗日战争时期红色货币的发展奠定了坚实的基础。

第三章
抗日战争时期的红色货币

1931年9月18日，东北地区驻守的日本关东军突然袭击沈阳，由于国民党的消极抵抗政策，致使日本侵略军迅速占领中国东北，这是日本帝国主义妄图以武力征服中国的开端，同时也是中国抗战的开始。1937年7月7日，日本军队以寻找失踪士兵为由，要求进入北平西南的宛平县城搜查，遭到中国军队的严正拒绝，日方随即向宛平城和卢沟桥发起猛攻，发动全面侵华战争，同时中国也揭开了全国抗日战争的序幕。

“七七事变”之后，中国共产党第一时间发表通电，指责日军的暴行，并呼吁全民族一致抗战，并将中国工农红军改编为国民革命军第八路军和新编第四军，深入敌后区域，发动游击战争，在全国范围内开辟了八个规模较大的抗日根据地。为了进一步发展根据地市场经济，摆脱敌人对根据地的经济封锁，中国共产党组织了大批金融人才，积极创办银行，发行货币。据统计，此时期出现的红色货币约有920多种，它们为抗日战争的最终胜利做出了重要的贡献！

第一节 陕甘宁边区货币

1937年7月7日，“卢沟桥事变”揭开了全国抗日战争的序幕，随后中共中央发表了《中国共产党为日军进攻卢沟桥通电》，号召建立民族统一战线。后经国共两党多次谈判，国民党终于接受了共产党提出的“团结抗日”“实行民主”“改善民生”等基本主张，抗日民族统一战线初步形成。9月6日，中华苏维埃中央政府西北办事处改为陕甘宁边区政府，首府设在延安，辖陕西北部和中部、甘肃陇东、宁夏东南部的二十多个县，主席林伯渠。

边区政府成立之后，中华苏维埃人民共和国国家银行西北分行改组，更名为陕甘宁边区银行，行长曹菊如，下设营业科长、会计科长、出纳科长等职，共有工作人员十余人。（图五七）陕甘宁边区银行成立之初，为了遵守国共关于边区不设立银行、不发行货币的协议，其主要业务是领取国民政府发给的军饷、接受外援物资以及经营商业，并接受边区政府财政厅的管理和监督。随着边区经济的不断发展，人民生活有了很大改善。陕甘宁边区银行逐步克服资金缺乏的困难，积极经营商业，努力拓宽业务。到了1940年10月，边区银行的经营资本已达200余万元，并陆续建立了西安办事处、三边分行、绥德分行、陇东分行和重庆办事处，存款、贷款、汇兑等金融业务蓬勃展开。

图五七 陕甘宁边区银行旧址

抗战时期，陕甘宁边区银行为了有效解决辅币找零及法币贬值而引起的物价上涨问题，自1938年开始，陆续发行多种类型的货币。大致可以划分为三个阶段：第一阶段，从1938年6月至1941年2月，边区银行以公营"光华商店"名义发行了角、分代价券；第二阶段，从1941年2月至1944年6月，边区政府授权边区银行发行"陕甘宁边区银行币"；第三阶段，从1944年7月至1945年8月，边区银行奉命发行"陕甘宁边区贸易公司商业流通券"，随后该券成为陕甘宁边区的本位币。解放战争时期，陕甘宁边区贸易公司商业流通券继续发行，直至1948年1月，晋绥解放区与陕甘宁边区合并为西北解放区，统一使用西北农民银行发行的纸币，陕甘宁边区贸易公司商业流通券才停止流通。

（一）延安光华商店代价券

延安光华商店是陕甘宁边区银行直接经营管理的商业机构，由边区合作总社与光华书店合并成立。1938年4月1日，光华商店在延安正式开业，余建新任总经理。光华商店的经营业务主要有两个方面：其一，大量输入边区所需要的商品物资，如棉花、布匹、纸张、染料、五金、卫生材料、通信材料等，以供给边区机关、部队、学校与群众使用；其二，积极组织边区食盐、皮毛、药材等土特产的出口。光华商店的商品售价往往略低于市场价格，不仅减轻了边区群众生活负担，同时也稳定了市场物价。

陕甘宁边区政府成立后，依据国共两党的协议，边区银行不能发行货币，市场上流通的是国民政府印制的法币。当时，法币的购买力较强，1法币可兑换1枚银元。按照约定，国民政府每月需拨款给边区政府60万元经费，但拨款大都是5元和10元的主币，面额较大，不易找零，造成边区市场辅币短缺，甚至还曾出现使用邮票代替辅币找零的现象，严重影响了商品经济的正常运转。（图五八）八路军驻西安办事处多次与国民政府金融部门就辅币短缺之事进行交涉，但始终无果。有鉴于此，边区政府本着既独立自主又维护统一战线的基本原则，以解决民众找零难题为目的，于1938年6月授权边区银行印制发行了面额为二分、五分、一角、二角、五角的延安光华商店代价券，作为法币的辅币进行流通使用。1940年下半年，国民政府开始无故停发边区经费，为了解决边区市场货币不足与部队的补给问题，边区银行又增发了面额为五角与七角五分两种光华商店代价券。

图五八　苏维埃邮政二分邮票

在1938年发行的五种光华商店代价券中，二分、五分、五角三种为横版，一角和二角为竖版，其中分券与一角券的设计较为简单。一角券币面上端印有“延安光华商店代价券”字样，中间花环中带有面值，下端底边为“中华民国二十七年”字样。其币背印有光华商店的公告：一、为便利市面流通特发行代价券；二、凭此券拾张或与其他通用小票，凑足拾角即兑付法币壹圆；三、此券发行十足准备，准备金全部存放边区银行，由边区银行保证并代理兑换。（图五九）

图五九 光华商店一角券

二角与五角券的设计相对复杂，币面上半部分添加了房屋、大山、亭池等风景图案。1940年发行的五角券，币面左右印有纺纱、牧羊图，反映了边区经济的繁荣发展；七角五分券则印有延安宝塔山的壮丽图景，两种券别均在正面显眼处标明“凭券兑付国币”字样，这也反映出光华商店代价券始终是作为法币的辅币补充而发行的，也是中国共产党始终坚守承诺、一心巩固抗日民族统一战线的历史印证。

图六〇　延安光华商店七角五分券

光华代价券在边区深得民众信任，特别是国民政府开始无故停发八路军抗日经费之后，面值七角五分的代价券，作为一类特殊的辅币，一度充当了边区市场上主币的角色。读者或许会有疑问：面值七角五分在使用时容易换算吗？其实在实际交换中，两张等于一元五角，四张就是三元，使用非常灵活，它不仅在特殊时期保证了边区财政的正常运转，而且又盘活了市场经济，赢得了民众的信任。光华商店七角五分代价券，因其特殊的面值与历史功用，成为我国红色货币发行史上一张亮丽的名片。（图六〇）

（二）陕甘宁边区银行币

陕甘宁边区银行币是在极为特殊的历史背景下发行的。1941年初，国民党反动派策划发动“皖南事变”，进一步暴露其“破坏抗战、实行反共”的阴谋。同年年底，日本又发动了太平洋战争，由于战线扩大，日寇制定了以重点打击共产党革命根据地为主要目标的作战计划，此举直接刺激了国民党反动派肆无忌惮地开展降日反共活动。据统计，在1941年间，国民党陆续公开派遣近40万兵力包围、封锁抗日根据地，并试图切断边区与外界的一切联系。

陕甘宁边区作为当时中共中央所在地，是国民党重点打击的对象。由于物资流通渠道被切断，边区财政经济一度极为困难，甚至连革命战士基本的一日三餐与棉衣被服都无法保障。毛泽东曾描述过此时的困难情景：“几乎没有衣穿，没有油吃，没有纸，没有菜，战士没有鞋袜，工作人员在冬天没有被盖。”可见当时边区生活的困窘程度。

针对国民党的军事“围剿”与经济封锁，陕甘宁边区政府进行了有力的回击。在货币流通方面，首先发布了《关于停止使用法币的通知》，禁止边区流通法币，并要求各机关、各公营商店带头严格执行公告法令。关于边区政府禁用法币之目的，边区政府公告称：一是为了促进边区经济自给，限制外货入境，刺激边区生产；二是为了使边区人民免受法币狂跌的损失；三是为了防止法币外流使日寇得以套取外汇；四是在政治上对顽固分子封锁边区予以有力的回击。

边区政府在禁止法币流通之后，随即开始发行陕甘宁边区银行币。1941年2月18日，边区政府布告指出：“政府为巩固边区金融，便利资金流通，保障法币不外流资敌，兹决定发行边区银行一元、五元、十元钞票三种，自本布告之日起流通行使，仰军民人等一体知照。”陕甘宁边区银行币发行后，为了确定本位币的地位，边区政府开始逐渐回收光华商店代价券，在回收过程中，二者是等值兑换的。

陕甘宁边区银行币前后共发行了三年半的时间，根据目前见到的钱币实物，可以按照年份划分三类：第一，1941年版。该年度共印制了七种纸币，有一角券、二角券、一元券各一种，五元券和十元券各两种。其中，一元券并未实际发行，其余六种纸币则在外观上沿袭了光华商店代价券的设计风格，票面简单明了。“陕甘宁边区银行”字样位于币面上端，币面中央印有能够反映边区根据地人物、田野、羊群、城门等特色的图案形象，其中十元券正面采用了边区银行大楼作为主景。第二，1942年版。该年度增发了五十元券与一百元券各一种，此两券的票面图案均取材于边区银行大楼，总体内容与1941年版相类似。第三，1943年版。该年度先后发行了五十元、一百元、二百元、五百元、一千元以及五千元六种券别，系发行票币面值最多的一年。其中在一千元券票面主景上，还出现了陕甘宁边区参议会大礼堂图案。（图六一）

图六一　陕甘宁边区银行一千元券

陕甘宁边区银行币背面带有英文签名，左侧为边区政府主席林伯渠的英文签字，右侧为时任边区银行行长的签字，先后签字的有曹菊如、朱理治、黄亚光等人。当时，边区银行币的印制工作由光华印刷厂承担，主要采用石印技术，印钞纸是自然科学院华寿俊和王士珍两名同志用马兰草和羊毛试制而成，印钞纸经过喷水压平后，印出来的纸币颜色鲜艳、花纹清晰，质量较高。1942年，朱德总司令在视察南泥湾的时候曾作词道："农场牛栏肥，马兰草纸俏。"马兰草被用来制作纸币的佳话在边区广泛流传。

1941年之后，边区的物价不断上涨，相关统计资料表明：延安在三年半的时间里，物价上升了817倍。为了维持市场物价平稳，边区政府不断调整银行币的面值，从1941年最大面额的十元券，到1943年的五千元券，都是为了积极适应市场需求而做出的努力。同时，边区政府持续稳定银行币与法币的兑换比值，1944年6月，银行币8.5元兑换1法币。上述措施，保证了银行币的购买力，维护了其信用，同时也促进了边区金融市场的稳定。

（三）陕甘宁边区贸易公司商业流通券

自陕甘宁边区银行币发行以来，币值不断扩大，尽管边区政府努力控制发行数量，但仍然出现了因货币贬值而导致物价上涨的情况。1944年初，边区银行需要筹集一笔盐款，加上工农业扩大生产，行政、军事开支增大等现实问题，又要求边区银行必须增加货币发行量。在此情况下，如何解决物价上涨与货币增发之间的矛盾，成为中共中央与边区党政领导面临的一道难题。

当时有人建议：另外发行一种新币，票面高于法币，使用此币对边区银行币进行回收，从而降低物价波动的程度。针对于此，中共中央西北财经办事处专门召开会议进行研究，并作出了“关于发行陕甘宁边区贸易公司商业流通券的决议”。决议还进一步提出了具体发行办法：一、陕甘宁边区贸易公司商业流通券，虽然名义上为贸易公司所发，实际上仍由边区银行发行；由贸易公司呈请边区政府批准，全边区纳税、交易、还债一律通用。二、商业流通券与银行币的兑换比率为1∶15，与法币的兑换比率为1:2，如此一来银行币与法币的兑换比率则提升至7.5∶1，以后依照法币跌价的比例逐步提高比价，并使物价稳定。三、商业流通券与银行币在市场上并行流通，实行双本位货币制度。

1944年7月1日，商业流通券正式发行，按照每一元兑换银行币二十元的比率交易。初次发行的商业流通券共有二十元、五十元、一百元、二百元四种券别，均为竖版设计，蓝（绿）灰色，正反面均以文字为主。背面带有布告四条，说明了流通券的使用范围、兑换比率以及保证金问题。（图

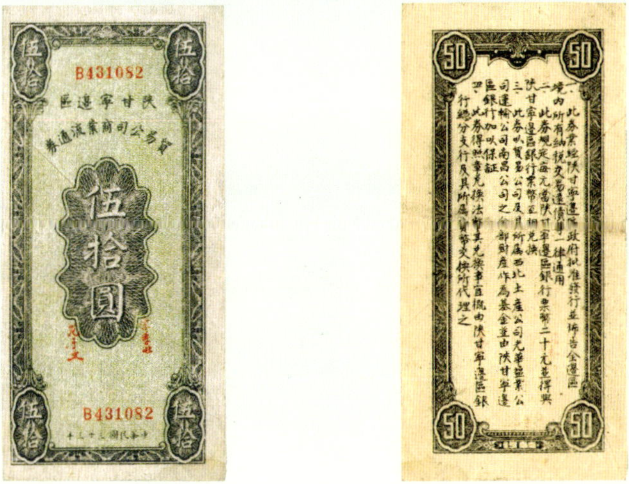

图六二 陕甘宁边区贸易公司五十元商业流通券

六二）1945年，又增发了五元、十元、二百五十元、五百元等券别，票面风格与1944年版保持一致，其中二百元券正面采用延安宝塔山作为主景。宝塔山位于延河之滨，古称丰林山，宋代改名为嘉岭山。中共中央进驻延安后，宝塔山成为革命圣地的标志和象征，多次出现在革命根据地货币上。新中国成立之后，1955年中国人民银行发行的第二版人民币二元券，同样采用了宝塔山作为主景。（图六三）

图六三 第二版人民币二元券

图六四　陕甘宁边区贸易公司商业流通券五百元券

特别值得一提的是，1945年版五百元券中出现了长城图案，该券为红色，上端书写券名，中间有蜿蜒雄伟的长城景象与五百元面值，下端是陕甘宁边区贸易公司总经理“叶季壮”和副总经理“范子文”二人的签字。万里长城是中华民族的象征，它体现出中国人民坚韧不屈的民族精神。在抗日战争时期，中华儿女团结一心、奋不顾身，铸成钢铁长城，坚决抵御日寇的侵略。长城图案出现在抗日根据地货币上，不仅象征着中华民族统一战线的团结与坚固，而且激励着广大军民抗日必胜的信心。（图六四）

商业流通券发行后，逐渐代替了银行币的流通，扭转了银行币之前不断贬值的状况，稳定了边区金融市场，同时也增强了根据地民众对边区自己印制、发行货币的信心。陕甘宁边区在抗日战争时期，坚持发行货币，冲破了日寇与国民党反动派的经济封锁，稳定了革命根据地市场经济，赢得了边区百姓的信赖，并在日后为中国共产党统一全国货币工作积累了宝贵的历史经验。

金融人物：曹菊如

曹菊如，原名淡初，福建龙岩人。1923年出国到南洋当店员谋生。1930年参加马来亚共产党外围组织反帝大同盟。6月回国，8月任闽西总工会秘书。同年加入中国共产党。9月和邓子恢等一道筹建闽西工农银行，被任命为闽西工农银行委员会委员。11月任闽西工农银行会计科科长，后兼总务科科长及营业科科长，并任闽西工农银行党支部书记。当时没有办银行的经验，也没有银行的规章制度，他们采用的是中式账簿和旧的记账方法。部队从豪绅家得到一本银行簿记讲义，曹菊如就把一张张复杂的记账表画下来，进行研究。后来，毛泽民托人从广东买来一本《银行簿记实践》，他们才初步懂得了现代银行的一些制度和记账方法。

毛泽民非常赏识曹菊如的银行管理才干。1932年初，曹菊如协助毛泽民筹建中华苏维埃共和国国家银行，建立国家总金库，整顿税收，统一财政等。根据已掌握的银行管理知识和闽西工农银行的业务经验，曹菊如参照闽西工农银行的章程，起草国家银行的章程，规划国家银行的业务范畴，建立银行的各种账簿和单据。3月，国家银行正式营业，先后担任会计科科长、稽核处处长、国库处处长、业务处处长。1934年10月随中央红军长征。1935年11月担任中华苏维埃共和国国家银行西北分行副行长，兼任西北办事处财政部会计科科长。1937年10月任陕甘宁边区财政厅厅长、银行行长。1938年12月任中共中央财政经济部副部长。1953年9月至1954年9月，任中国人民银行副行长。1954年11月至1964年10月，任中国人民银行行长。曹菊如是革命根据地银行会计的创始人，是红色金融事业的奠基人之一。

第二节 晋绥边区货币

抗日战争全面爆发后，日寇入侵山西，在所谓“一个月拿下山西，三个月灭亡全中国”的狂妄计划下，以极其疯狂的攻势向太原进军。党中央和中央军委在科学分析敌我战势的基础上，按照“洛川会议”确定的战略方针，指示贺龙带领八路军一二〇师从陕西富平县出征，挺进晋西北管涔山脉地区，组织军民开展游击战争，创建抗日根据地。1938年，一二〇师一部开进绥远（今并入内蒙古自治区）北部，创建大青山根据地，并逐步同晋西北根据地连成一片，共同构成了晋绥抗日根据地。

晋绥抗日根据地主要包括山西西北部和绥远东南部广大地区，从地理位置上看，位于陕甘宁边区的东北部，是中共中央与敌后战场联系的主要通道，军事地位十分重要。在忻口、太原会战中，晋绥根据地有力地阻击了日军，在陕甘宁边区的门户上给敌人树起了一道难以逾越的屏障，使日军始终未能越过黄河进犯陕甘宁边区，保卫了延安和党中央的安全。

（一）兴县农民银行币

晋绥边区的货币发行工作开始较早。在八路军一二〇师进入晋西北地区之前，该地长期处于经济混乱的状态，加上日军频繁地扫荡，使当地流行的晋钞（俗称大花脸票）不断贬值，造成物价上涨。为了稳定晋西北地区的金融环境，全力配合八路军创建抗日根据地，华北党组织决定：在晋西北先行创办一个由共产党直接领导的银行，由刘少白同志全权负责筹建与组织工作。

刘少白生于光绪九年（1883），山西兴县人。早年参加过辛亥革命，任山西省议会议员，还曾担任河北省建设厅厅长、天津商品检验局局长、绥远省乡村教育委员会主任等职，并积极营救刘锡五、刘澜涛、陈原道、安子文、刘亚雄、王若飞等被捕同志。1937年8月，刘少白加入中国共产党，经刘少奇同志批准为秘密共产党员。刘少白思想进步、为人正直、博学多识，在晋西北地区具有较高的威望，是创办根据地银行的理想人选。

接到任务之后，刘少白开始筹集资本金，他提出“有钱出钱、有力出力”的口号，鼓励全县百余名富户以股份制的形式出资筹款。刘少白更是以身作则，不仅把自己多年的积蓄全部拿出来，还做本地开明士绅牛友兰、刘训山等人的动员工作。经多方努力，共筹集大洋3万多元，粮食700多石，作为开办银行的准备金。同年11月底，兴县农民银行正式开张，行址位于县政府对面。营业当天，刘少白在银行正屋两侧悬挂了一副对联，上联是“大多数农民从此解放鼓起精神打日本”，下联是“这一个银行开始营业集中财力破天荒”。文虽朴素，含义深远，时任兴县县长张干丞同志风趣地说道：“刘经理不但是位政治家，还是一位诗人、文学家哩！”

自1937年12月至1940年5月，兴县农民银行共发行票币233万余元。从现有的钱币实物来看，可分为五分、二角、五角、一元（两种）、五元共五种面值、六种券别。（图六五）其中，五分与五角券为竖版，其余为横版。在票面设计上，风格简明，除了行名、面值、日期等基本要素之外，主要图案就是山村、房屋等风景。二角券下端印有“长兴堂书局石印”七字。长兴堂位于兴县城东关，原来是一处印书厂。该厂仅有一台石印机，两名印刷工人，在条件比较简陋的情况下，承担着印制纸币的工作。钞票

图六五　兴县农民银行一元券

使用的是土纸，票面上的银行章由当地一名刻章师傅刻制，由于买不到打码机，工人们就自己使用钢笔手工编号。此外，为了防止纸币被伪造，票面在设计时还增加了三处暗记，据说只有刘少白、刘孝先、牛在华三人悉知。时至今日，我们也无法找到这三处暗记在哪里。

兴县农民银行币是“七七事变”后最早发行的抗战货币，广泛流通于晋北兴县、临县、岚县、保德等地。由于资本金透明、票面金额小且发行数量适当，在群众中享有很好的声誉。兴县农民银行发行的纸币，绝大多数用来为八路军购买粮食、武器等，有力地支持了八路军的部队建设，为巩固晋绥抗日根据地贡献了重要力量。

（二）兴县、文水县发行的抗日货币

兴县农民银行币发行之后，晋西北地区的金融环境有了较大改善，但是市场上还存在辅币流通不足的现象，特别是小面额的纸币比较缺乏。有鉴于此，为了促进市场流通，兴县产消合作社、兴县财政局、文水地方政府等机构还陆续发行了一些小面额的抗日纸币，依据现在搜集到的实物，

可以分为以下几种：

1. 兴县产消合作社五角代价券。该券发行于1939年，目前仅见五角面值一种。正面红色，竖型，整个票面均承袭延安光华商店代价券的设计风格，券首印有“兴县产消合作社代价券”，中间圆形花框内有“伍角”面值，下端左右钤“经理之章”“协理之章”两印，底端标注年份“民国二十八年”。背面主体蓝色，印有三条公告：“一、为便利市面流通，奉令发行代价券。二、本券在县境内一切交易代价与当地各种通用钞票相同。三、如出境时须持足本券廿张可兑换十元省钞壹张。”（图六六）

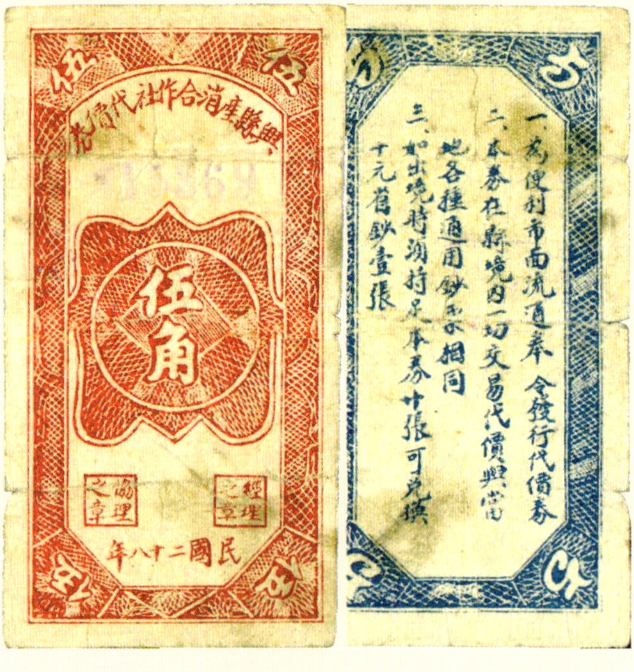

图六六 兴县产消合作社五角代价券

2. 兴县财政局一元流通券。抗战初期，兴县属于未被日寇占领的县份之一，中共地下党员张干丞、高芸生等同志曾以此作为根据地多次组织群众掀起了抗日救亡运动的热潮。为了抵制日伪币，解决市场辅币缺乏的难题，兴县政府于1939年发行了“兴县财政局一元流通券”。该券票面为横式，正面黑色，四角有“壹”字，中央图案取景于兴县，下端印有“通用县币”字样，说明该券属于地方县级流通券。

3. 文水县地方金融流通券。文水县位于晋中地区，在太原西南方向。1937年11月上旬，太原失守后，抗日武装力量开始撤出太原，转入临近的文水、交城县一带，配合八路军一二〇师，继续坚持抗日运动。1938年4月，交城山米家庄成立了文水县抗日民主政府，顾永田为第一任县长。随后，县抗日民主政府派出工作团分赴全县四个区，宣传贯彻中国共产党《抗日救国十大纲领》，对旧政权进行改造，建立区、村抗日民主政权。

在此期间，县抗日民主政府为了发展当地经济、整顿混乱的金融市场，同时亦为了抵制日伪货币、解决找零难题，发行了“文水地方金融流通券”，主要有一角、二角、一元（图六七）三种面值。三种流通券设计风格统一，且均在票面左右两侧标注有“农田壹亩”“担保壹元”八个字，这是为确保流通券的实施，县政府作出流通券用农田担保的规定，一元流通券相当于一块银元，每亩农田担保一元。流通券的发行，满足了当时抗日根据地的市场需求，为贫困农民还债、回赎土地、购置农具等提供了条件，不仅推动了地方经济的发展，而且抵制了阎锡山政权蓄意制造的封锁和摩擦，支援了根据地建设。当时，老百姓中流传着这样的民谣：“顾县长真能干，组织发放流通券，打坝修渠都顶用，还债赎地起作用，发展生产有保证。”

图六七 文水地方金融流通券一元券

（三）西北农民银行币

自太原沦陷以后，国民党第二战区司令长官兼晋绥绥靖公署主任阎锡山开始动摇，表面上坚持抗战，而暗中早已通敌反共。1939年12月，阎锡山借机向晋西北抗日决死队发动袭击，制造了震惊全国的“晋西事变”。1940年2月，一二〇师主力从北岳区返回晋西北，成立由贺龙同志任书记的晋西北军政委员会。为了进一步解决晋绥边区的经济困难，经中共中央和晋西北行政公署批准，在兴县农民银行的基础上筹建西北农民银行，主要负责晋绥边区的货币金融工作。经过短期准备，西北农民银行于1940年5月10日正式成立，银行经理一职仍由刘少白同志担任。

抗战时期，革命根据地经常面临财政困难，合理发行货币则是解决该问题的有效途径。西北农民银行先后发行了五分、二角、五角、一元、二元、五元、十元、五十元（图六八）、一百元、五百元共十种面值的票币。这些纸币设计简明，风格独特，正面主景内容大都取自西北地区的自然、人文景观，同时还带有生产劳作的场景。在发现的钱币实物中，1940

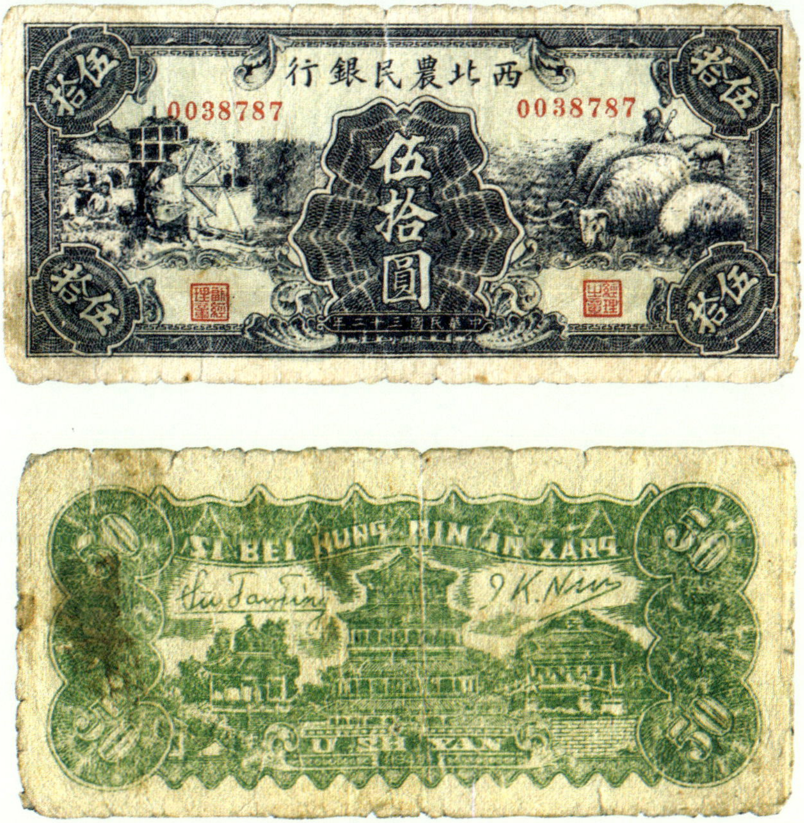

图六八　西北农民银行五十元券

年的一元券比较特殊。该券正面上端题名“晋西北农民银行”，比其他券别行名多出了一个“晋”字，甚至还发现使用毛笔将“晋”字涂抹掉的现象。故有学者推测：由于晋西北是晋绥革命根据地的核心区，兴县农民银行在改组的时候，最初可能拟定行名为晋西北农民银行，并以此设计了相关票币。随着革命形势的不断变化，晋绥边区快速壮大，此时建立西北农民银行统管整个晋绥边区的条件已经成熟，因而不必再建立晋西北农民银行。现在发现的“晋西北农民银行一元券”当属临时设计的样票，由于未公开发行，存世罕见。

为了粉碎日军的经济封锁，稳定根据地的货币金融秩序，西北农民银行币发行之后与市面上流通的日伪钞票、法币、银洋展开了坚决的斗争。根据地军民一律禁止使用伪钞和银洋，法币只允许保存，不允许流通。1942年底，法币也被禁止使用，西北农民银行币成为根据地唯一合法的本位币。此外，西北农民银行币的发行不仅是晋绥革命根据地的重要财政来源，而且还为中共中央和陕甘宁边区提供了巨大的财政支援。1946年，晋绥边区支援中共中央土特产药品折款7亿元；1947年，支援中共中央经费55.7亿元。

1947年秋，解放战争进入了战略进攻阶段，为了适应形势发展，晋绥边区与陕甘宁边区统一为西北解放区，西北农民银行与陕甘宁边区银行合并，仍称西北农民银行。1948年12月，华北银行、北海银行、西北农民银行合并为中国人民银行，也就是今天我国的央行。第一套人民币发行之后，以2000元西北农民银行币折合1元人民币的比价进行收兑，西北农民银行币也正式完成使命，光荣地退出了历史舞台。

第三节　晋察冀边区货币

1937年9月，八路军一一五师在平型关歼灭日军一千余人，打破了日军不可战胜的神话，提高了中国共产党和八路军的威望。此后，聂荣臻率领一一五师创建了以山西五台山为中心的第一个敌后抗日根据地，这就是晋察冀抗日根据地。11月7日，经党中央正式批准，晋察冀军区成立，聂荣臻任司令员兼政委。1938年1月10日，晋察冀边区军政民代表大会在河北省阜平县召开，并宣布成立“晋察冀边区行政委员会”，即边区政府，宋劭文任主任委员。晋察冀边区包括山西省的东北部、察哈尔省的西南部、热河省的南部及河北省的大部分地区。1939年1月，成立中共中央北方分局，彭真任书记。辖冀晋、冀察、冀中、冀热辽4个区委。到1940年底，根据地面积达20余万平方公里，人口约1500万。

早在晋察冀边区军政民代表大会召开时，各地代表就曾强烈要求建立自己的银行，以稳定边区货币流通秩序。1938年3月20日，经边区政府主任兼财政处长宋劭文等人的积极筹备，晋察冀边区银行正式成立，行址设在五台县石咀村普济寺。当时为了保证印钞工作的安全，在普济寺里挖了一个地下室作为金库，时任银行经理的关学文同志，在金库的大门上写下了“国光”两个大字，以示抗战到底的决心和国家必定光复的结局。晋察冀边区银行成立之初，银行只有准备金十万余元，其中四万元还是聂荣臻从八路军津贴费中调拨出来的。印制设备同样比较落后，没有印钞机，只能使用石印技术，印钞纸还是从敌占区冲破层层封锁线运送而来。

由于日伪的封锁和扫荡，晋察冀边区的对敌斗争十分残酷。同时，因地处三省之间，边区的货币流通极为混乱，当时省有省钞，县有县票，据《聂荣臻回忆录》，抗战之前和抗战之初，晋察冀地区流通的有察哈尔票、河北省票、伪蒙疆票和山西的各种晋票，名目繁多，杂乱无章。上述所提及的还只是流通区域较大的省钞，很多时期一个县甚至一个镇上的店铺都可以发行“土票”，如唐县西大洋镇当时是贩羊肉与羊皮的集散地，镇上就有两家店铺发行土票，一是大德兴肉铺，一是德元永杂货铺，这些钞票的流通区域极为有限，出了镇子就无法使用，等同于废纸。面对现实环境，晋察冀边区银行采用了多元货币发行办法，除边区银行与冀中、冀热辽分行公开发行边区币外，山西、河北各县还自主发行了“农村合作社流通券”“钱局票”“兑换券”，多种货币共同流通。

（一）晋察冀边区银行币

晋察冀边区银行自1938年3月开始印制纸币，至1945年日本投降为止，共发行边区银行币三十九种，票币面值计有：二十枚、一角、二角、五角、一元、二元、五元、十元、五十元、一百元、二百元、五百元、一千元、五千元共十四种。这里面的“二十枚”券，是指1939年边区银行发行的铜元票，当时铜元作为银元的辅币一直是广大农村地区普遍流行的通用货币，晋察冀边区民众有使用铜元交易的习惯，因此边区银行在发行货币之初便考虑到这个现实问题，设计了一款和铜元并行流通的铜元券。该券呈竖式，正面草绿色，主景采自颐和园铜牛，铜牛坐落在颐和园昆明湖东岸，铸造于清代乾隆二十年（1755），当年乾隆帝希望它能够“永镇悠水”，长久地降服洪水，给百姓带来祥福，铜元券主景取材于此，亦

图六九　晋察冀边区银行铜元券

有造福当地百姓之意。该券背面中央印有经理关学文、副经理胡作宾的签名，上端和下端还带有一串英文单词，意思为晋察冀边区银行货币，其中的三个地名——SHANSI（山西）、CHAHAR（察哈尔）、HOPEI（河北）使用了邮政式拼音文字，其余均属英文。该铜元票的面值是二十枚，相当于纸币中的二角券，后来随着边区物价的上涨，纸币面额开始增大，这种小面值的铜元券就退出了流通领域。（图六九）

值得一提的是，晋察冀边区银行发行的各类纸币，其图案除了一部分为边区民众从事生产、劳作的图景以外，很大一部分是以北京颐和园、天坛和万里长城作为钞票主景，如1938年一角券，正面为天坛；1939年五元券，正面主图是雄伟的万里长城。（图七〇）这种图案设计在当时取得了耳目一新的效果，不仅培育了边区民众的家国情怀，而且增强了中华民族抗战必胜的决心。

边区币发行之后，在边区政府的领导下，逐步清理了市场上流通的各类地方票和杂钞，对于日伪政权发行的蒙疆银行券、联合准备银行币则采

图七〇 晋察冀边区银行五元券

取坚决抵制的办法。截至1940年底，晋察冀根据地市场上流通的货币80%为边区币。但是，日寇顽敌并不打算就此罢手，为了破坏边区币的信誉、搞垮边区市场经济，日寇开始使用一种新的恶毒手段，即大量伪造边区币。首先在日伪控制的地区伪造边区币，然后运送到边区附近，利用、收买奸商携带假币到根据地市场骗兑，或是通过倾销物品的方法将伪造的纸币交易给不识字的百姓。

很快，边区政府就注意到这一现象，经过仔细甄别，居然在各县市场上缉查出各类伪造边区币33种之多，面额多为百元券甚至千元大券，可见假币的破坏程度有多严重。有鉴于此，晋察冀边区银行制定了一系列应对措施，如：边区银行在每个县城设立边区币对照所，除了兑换磨损破烂的纸币外，还专门负责伪币鉴定工作；边区银行专门制作了真假币辨别表，详细列举假币的特征，并将收缴上来的假币悬挂在集市上，供使用者参考；边区相关部门还暗中侦查，追踪假币线索，严厉惩办运输假币者，堵塞假币来源。通过上述措施，边区有效地遏制住假币进一步泛滥的趋势，阻挡了日寇顽敌妄图从经济上入侵根据地的幻想，保障了晋察冀边区经济的稳定与发展。

（二）冀中版与冀热辽版银行币

冀中版指晋察冀边区银行冀中分行所发行的银行币。在晋察冀边区银行成立不久，关学文经理就回到冀中地区，在安平县城组建了“晋察冀边区银行安平分行”，这是1938年5月的事情，当时并未发行货币。随后安平分行又迁到任丘县青塔镇，改称“冀中分行”，安平分行改为办事处。同年12月，组织从“人民自卫军”中调陈尚孔同志担任冀中分行的经理，冯国俊同志任副经理，就这样，分行开始负责冀中地区的金融业务。1942年初，日寇对冀中地区进行“五一大扫荡”，分行工作暂时停顿。进入1945年，全国形势好转，5月16日冀中分行在河北省饶阳县大尹村重建，同时在献县张庄建立了印刷所，开始印制晋察冀边区银行冀中分行币。

冀中分行在1945年共设计印制了九种面额的纸币，分别为十元券一种、五十元券两种、一百元券五种、二百元券一种。在这九种券别中，仅有两种一百元券在票面上标注了“冀中分行”与“冀中”字样，其余均未标注。（图七一）冀中分行在1945年之后就没有再发行货币，1948年12月人民币发行之后，冀中版纸币被统一收兑。在残酷的抗战时期，冀中银行曾多次因敌人封锁、“围剿”“扫荡”而迁徙转移，故当时被人称为“游击银行”。

冀热辽版是指晋察冀边区银行冀热辽分行所发行的银行币。随着抗日战争形势不断好转，为了进一步扩大冀东革命根据地的范围，1944年中共北方分局和晋察冀边区政府决定抽调部分党政干部到冀东地区，在河北玉田县筹建冀东印钞厂。1945年6月，冀东印钞厂开始印制晋察冀边区银行

图七一 冀中分行一百元券

冀热辽分行币。

在抗战胜利之前，冀热辽分行币共发行了六种，分别是：五元券一种、十元券四种、五十元券（图七二）一种。这六种纸币正面均采用了红色色调，象征着红色革命的胜利。正面票面上端书写“晋察冀边区银行”，在各票面左右两侧的方框里印有“冀热辽”三字，正面主景多反映根据地生产建设与农业发展景象，下端带有年份“民国三十四年印”。冀热辽分行发行的纸币，在解放战争时期，仍然可以继续流通，直至人民币发行之后才开始逐渐收兑。

图七二　冀热辽分行五十元券

（三）各类“农村合作社流通券”“钱局票”“兑换券”

目前所见到的此类流通券主要有定襄县人民商店兑换券、灵寿县调济金融兑换券、唐县合作银行券、冀中第五行政区银钱局票、晋察冀边区第七行政区合作社流通券、冀中区各县农村合作社流通券等种类。这些票券大都由地方人民公社或国营商店发行，主要针对当时市场辅币不足的现状，故多属小面额货币，以角券为主。它们的流通区域同样十分有限，一般情况下仅可在本县区域内使用，出了县境则无法流通。

值得一提的是，冀中各县作为晋察冀抗日根据地的重要组成部分，先后有26个县发行了农村合作社流通券（见后表一），这些流通券是冀中人民在面对洪灾泛滥、敌伪货币蚕食等多重困难的情况下而印制发行的，是华北地区民众艰苦抗战的历史缩影。1939年夏，冀省全境和豫北、鲁西地区爆发了特大水灾，这是20世纪前半期华北最严重的一次自然灾害，冀中是重灾区，《申报》曾以《华北平原一片汪洋，洪波汹涌淹灌天津》为题进行了报道，冀中地区民众的经济生活也因此遭受重创。同时，敌伪政权还在不断增发大面额货币，企图通过虚值来掠夺边区的各类物资。

冀中人民不畏艰难，在冀中行署的带领下，开展生产自救，并在每个县区成立了农村合作社，发行“冀中区农村合作社流通券”，以稳定根据地的社会经济。依据目前所见到的钱币实物，冀中流通券种类繁多，大约有六十多个版别，但仅存在四种面值，即五分、一角、二角和五角（图七三），均属于小面额纸币。发行小面额币的目的不仅是适应边区市场经济的需要，而且可以有效抵制敌伪政权印制的大面额虚值币，同时避免物资外流，防止通货膨胀的发生。流通券在实际使用中，与法币、边区币的兑换比价始终维持在1∶1，故深受群众欢迎。

冀中流通券还在票面上印有各类抗战标语。如深县五分券背面印有

图七三　冀中区武强县农村合作社流通券五角券

“抗战建国”四字，献县二角券正面有“抗战必胜”字样，安新县二角券更是使用了“用我们的血肉铸成新的长城”等口号。1935年5月10日，由田汉作词、聂耳作曲的《义勇军进行曲》歌谱在《中华日报》上发表，随后又作为电影《风云儿女》的主题曲播放，该曲一经播放就被视为“中华民族解放的号角”，在民族危亡的紧急关头，犹如一声震天炮火，唤起了中国人民的爱国精神，激励着中华儿女英勇抗战。很快，《义勇军进行曲》就传遍大江南北，其歌词内容也成了抗战时期重要的宣传口号，冀中流通券中出现的抗战标语即来源于此。

冀中各县农村合作社流通券是冀中人民在面临自然灾害形势严峻、敌伪货币蚕食等多重困难的情况下而发行的红色货币，它在救济灾民、抵制伪币、稳定金融、支持抗战等方面发挥了重要作用。

表一 冀中区各县发行农村合作社流通券一览表

序号	县名	时间	面额	票幅（mm）	颜色	标语
01	深县	1939	五分	竖式51×91	正面绿色，背面棕色	抗战建国
02	深县	1940	五分	竖式54×94	浅紫色	
03	深县	1939	一角	竖式54×94	正面棕色，背面棕绿色	
04	深县	1940	一角	竖式54×96	正面红色，背面紫色	
05	深县	1939	二角	竖式53×94	正面蓝色，背面棕色	
06	深县	1939	五角	竖式62×116	正面青蓝色，背面黑棕色	
07	武强县	1939	五分	竖式52×92	正面深红色，背面绿色	
08	武强县	1939	一角	竖式55×99	正面灰黑色，背面黄色	
09	武强县	1939	二角	竖式55×97	正面深绿色，背面青黄色	
10	武强县	1939	五角	竖式61×116	正面灰黑色，背面橘黄色	抗战建国
11	安平县	1939	一角	竖式57×101	正面棕红色，背面绿色	
12	安平县	1939	二角	竖式57×99	正面蓝色，背面橘红色	
13	安平县	1939	五角	竖式62×121	正面紫色，背面绿色	
14	无极县	1939	一角	竖式56×97	正面蓝色，背面绿色	
15	无极县	1939	二角	竖式55×96	正面绿色，背面黄绿色	
16	无极县	1939	五角	竖式62×117	正面红色，背面绿色	
17	任丘县	1939	五角	竖式61×119	正面绿色，背面红色	

续表

序号	县名	时间	面额	票幅（mm）	颜色	标语
18	安新县	1939	一角	竖式52×97	正面蓝色，背面棕色	
19	安新县	1939	二角	竖式52×94	正面蓝色	用我们的血肉铸成新的长城
20	安新县	1939	五角	竖式58×111	正面咖啡色，背面绿色	抗战建国
21	饶阳县	1940	一角	竖式55×95	正面浅棕色，背面绿色	
22	饶阳县	1940	二角	竖式57×102	正面棕红色，背面黄绿色	
23	饶阳县	1940	五角	竖式58×113	正面蓝色，背面橘黄色	
24	交河县	1940	五角	竖式60×120	正面绿色，背面紫色	
25	献县	1940	五分	竖式53×95	正面紫色，背面绿色	抗战建国
26	献县	1940	一角	竖式53×94	正面棕黑色，背面绿色	
27	献县	1940	二角	竖式55×97	正面蓝色，背面棕色	抗战必胜
28	深泽县	1939	二角	竖式54×94	正面紫色，背面黑色	
29	深泽县	1939	五角	竖式57×115	正面紫色，背面黄色	
30	肃宁县	1940	五分	竖式50×88	正面蓝色，背面蓝色	
31	肃宁县	1940	二角	竖式52×95	正面棕色，背面绿色	
32	肃宁县	1940	五角	竖式64×125	正面蓝色，背面黑棕色	
33	定县	1940	五角	竖式61×116	正面黄绿色，背面棕色	
34	大城县	1940	一角	竖式58×100	正面蓝色，背面黄色	
35	大城县	1940	五角	竖式61×113	正面紫黑色，背面黄色	

续表

序号	县名	时间	面额	票幅（mm）	颜色	标语
36	徐水县	1940	五分	竖式51×90	正面绿色，背面棕黄色	抗战建国
37	徐水县	1940	一角	竖式54×95	正面红色，背面棕紫色	
38	徐水县	1940	二角	竖式55×98	正面蓝色，背面绿色	
39	徐水县	1940	五角	竖式63×120	正面灰绿色，背面黄色	抗战建国
40	文新县	1940	一角	竖式55×95	正面绿色，背面紫色	
41	文新县	1940	二角	竖式52×94	正面棕色，背面棕色	
42	文新县	1940	五角	竖式59×117	正面蓝黑色，背面棕色	
43	容城县	1940	五角	竖式62×121	正面棕色，背面绿色	
44	新安县	1940	一角	竖式53×96	正面绿色，背面蓝色	坚持抗战
45	新安县	1940	二角	竖式53×96	正面紫色，背面绿色	
46	新安县	1940	五角	竖式60×116	正面蓝色，背面蓝色	抗战建国
47	任河县	1940	一角	竖式55×91	正面蓝色，背面浅黄色	坚持抗战
48	任河县	1940	二角	竖式52×93	正面蓝色，背面棕色	抗战建国
49	任河县	1940	五角	竖式57×108	正面绿色，背面黄色	
50	安国县	1940	一角	竖式53×96	正面紫色，背面绿色	
51	安国县	1941	二角	竖式52×96	正面棕色，背面绿色	
52	安国县	1941	五角	竖式59×116	正面绿色，背面棕色	
53	河间县	1941	一角	竖式54×94	正面蓝色，背面黄色	

续表

序号	县名	时间	面额	票幅（mm）	颜色	标语
54	河间县	1941	二角	竖式52×92	正面深绿色，背面绿色	
55	河间县	1941	五角	竖式60×112	正面绿色，背面黄色	
56	建国县	1941	二角	竖式55×99	正面深绿色，背面黄色	抗战建国
57	建国县	1941	五角	竖式62×115	正面深蓝色，背面棕色	抗战建国
58	献交县	1941	二角	竖式52×93	正面棕色，背面红色	
59	献交县	1941	五角	竖式59×113	正面绿色，背面黄色	
60	蠡县	1941	五角	横式121×61	正面绿色，背面蓝色	
61	高阳县	1941	五角	横式117×62	正面绿色，背面棕色	
62	博野县	1941	五角	竖式58×119	正面蓝色，背面绿色	
63	清苑县	1941	五角	竖式63×117	正面绿色，背面棕色	

金融人物：关学文

关学文，满族，辽宁省辽阳县人。早年参加过东北军，在东北军中主要从事军需管理工作。1937年抗日战争爆发后，关学文所在的东北军六九一团在吕正操团长的带领下，脱离国民党队伍，参加抗日。同年底，他奉命组建晋察冀边区银行，并长期担任边区银行经理一职。1940年6月，关学文加入中国共产党。1948年8月至1949年12月期间，他先后担任华北银行和中国人民银行副经理，为人民银行的创建和发展发挥了重要作用。新中国成立后，关学文一直从事金融工作，曾任中国人民银行办公厅主任、华北业务管理局局长、中国农业银行副行长、中国人民银行总行顾问等职。1989年12月16日，关学文因病在北京逝世，享年92岁。

第四节 晋冀鲁豫边区货币

1937年秋，根据中共中央的指示，由刘伯承、张浩等率领八路军一二九师挺进太岳、太行山区，创建了晋冀豫抗日根据地。随后，一二九师一部向东进入冀鲁平原，并于次年5月开辟了冀南抗日根据地。1939年初，一一五师一部转移到冀鲁豫地区，建立了冀鲁豫抗日根据地。随着全国抗战形势的不断好转，至1941年中，晋冀豫、冀南与冀鲁豫三个根据地基本连成一片，遂于同年7月正式成立晋冀鲁豫边区政府，纳入统一行政管理。晋冀鲁豫抗日根据地西至同蒲路、汾水，东临渤海，南抵黄河，北达正太、沧石线，全区拥有县城177座，面积约20万平方公里，人口2500余万，是抗战时期全国规模最大的七个根据地之一。

为了适应军事战略需要，晋冀鲁豫根据地又被划分成四个行政区：太行区、太岳区、冀南区、冀鲁豫区。依据边区抗日民主政府的要求：1939年10月15日，在山西黎城县小寨村成立冀南银行，同时发行冀南银行币，又称“冀钞”，作为太行、太岳和冀南区的本位币；1940年5月，在山东东平县建立鲁西银行，并发行纸币，亦称“鲁钞”，作为冀鲁豫区的本位币进行流通使用。抗日战争结束以后，冀钞与鲁钞仍然继续流通，并在根据地享有较高声誉。

（一）冀南银行币

在冀南银行成立之前，晋冀鲁豫边区的货币流通状况十分复杂，市场上不仅有中央银行、中国银行、交通银行、中国农民银行等四大银行发行的法币，还有山西、河南、山东等地方银行发行的兑换券，县城发行的“土钞”“杂票”与敌伪政权中国联合准备银行印制的“联银券”混合在一起，造成市场金融秩序紊乱，通货膨胀长期存在。1938年10月，毛泽东在中共中央六届六中全会上作出了重要指示：要有计划地与敌人发行伪币及破坏法币的政策作斗争，允许被割断区域设立地方银行，发行地方货币。于是，在根据地设立自己的银行，发行稳定的货币，便成为当务之急。

中共中央北方局原计划将冀南银行建立在河北省内，但国民党反动派多方阻挠，遂不成行。邓小平决定采用“声东击西”的办法，将行址秘密建在山西东南部的大山里。1938年冬，朱德、彭德怀、左权等同志来到山西黎城县，经多次勘察，发现小寨村是一处理想的选址地。小寨村位于宽嶂山上，宽嶂山共有24个自然村，分布在22条大大小小的山沟中，地形封闭，四面环山，隐蔽性极强，且当地群众基础良好，于是冀南银行就在这个地方悄无声息地成立了。（图七四）银行成立之后，为了进一步加强保密工作，银行负责人将冀南银行内部机构与印钞工作的各个程序进行拆分，命其分布在不同的山林中，平时以代号进行联络，如印刷厂的代号是“伦敦工厂”，行长高捷成的代号是“七号”。

日寇与国民党反动派很快便知晓了冀南银行成立一事，但是始终无法找到银行所在地。在银行工作的职工，每天都处于战备状态，他们经常一手拿枪、一手持账，白天行军，夜间工作，在野外点一盏油灯，趁着月光就可以从事生产、结算业务，因此也被当地百姓称为“月光下的银行”。行址变动也是常有的事，当遭到日寇与国民党反动派的突查时，战士们便

图七四 冀南银行旧址

会快速将印钞机、纸张、油墨等材料装箱上马，迅速转移，因而冀南银行还被称为“马背上的银行”。

在与敌人反复周旋、斗争的过程中，诸多仁人志士为了保护冀南银行流血牺牲，高捷成就是其中一例。高捷成，生于1909年，福建省海澄县人，早年考入厦门大学攻读经济学。1932年加入中国共产党，在中央苏区从事财经管理工作。1939年秋，成为冀南银行首任行长兼政委。1943年5月，日寇疯狂“扫荡”太行山抗日根据地，高捷成率银行干部奔走于边沿区，一路部署转移。14日，高捷成一行到达河北白鹿角村，由于汉奸告密，敌人很快掌握了他们的行踪，并将他们围堵在一座民房里。高捷成不顾个人安危，坚持让电话员周正云携带保密文件先行突围，自己则负责掩护，后因寡不敌众，在战斗中身负重伤，随后英勇牺牲在敌人的刺刀之下，时年仅34岁。在抗日战争期间，日寇多次“扫荡”黎城县，先后有两名行长与八十多名工作人员因保护冀南银行而献出了宝贵的生命。

冀南银行发行的纸币种类繁多，早期还有铜元券，如1941年“十枚”“二十枚”券，纸币背面加印有“铜元”二字。这是根据当地百姓有使用铜元的习惯而专门印制的。在面值设计方面，为了方便群众兑换，还增发了“二角五分”“二十五元”券。（图七五）同时，为了防止敌人利

图七五　冀南银行二角五分券

用银行币在根据地套购战略物资，冀南银行还专门设计了一套带有“太行”“太岳”等字样的纸币，并严格控制纸币的发行数量，要求带地名的纸币只能在当地使用，有效地抵制了敌人投机倒票、掠夺物资的行为。

与此同时，冀南银行还经常向民众发放免息贷款，当地商户和农民不再需要借高利贷就可以正常从事经营、务农工作，极大地改善了晋冀鲁豫边区的经济状况。自成立以来，冀南银行共发行56种冀钞，总金额达2012亿元，为晋冀鲁豫边区的经济稳定，乃至全国抗日战争、解放战争的胜利贡献了重要力量。在长期的斗争中，冀南银行还培养了一大批意志坚定、精通业务的金融骨干力量，为新中国金融快速发展储备了人才。冀南银行在战火中存在了九年，被誉为“新中国金融的摇篮”。1948年5月，冀南银行与晋察冀边区银行合并为华北银行。同年12月，华北银行、北海银行、西北农民银行又合并成中国人民银行。

（二）鲁西银行币

1940年2月，中共北方局要求山东分局筹办鲁西银行并发行纸币，筹建任务交由八路军一一五师供给部负责。一个月后，在泰山西麓、东平湖畔的东平县周楼村建立了鲁西银行，首任行长吕麟为一一五师供给部部长。同年5月，正式发行鲁西银行币，亦称鲁钞。

由于山东地区属于敌伪控制较严区域，鲁西银行的选址便成为十分慎重之事，最初的印钞地点选在了东平县戴庙乡土山村湖心岛农民王相菊家后院的北屋内。这个选址非常巧妙，东平湖是山东第二大淡水湖，水域面积宽广，一眼望不到边，土山村位于湖心岛位置，周围被茂密的芦苇层层包围，隐蔽性极强。（图七六）划船从东平湖岸边至土山村最快也需要两个多小时，即便被敌人发现，岛上印刷所的工作人员也可以从容转移。加上当地村民人数不多，群众基础较好，听说要筹建根据地银行，村民不仅把自己的住房腾出来给印刷所使用，而且还把自己结婚时的柜子拿出来用于陈放印刷好的纸币。

鲁西银行在平原游击战争的恶劣环境下不断成长壮大，先后设置了六个印刷所。由于生产环境十分艰难，不仅要时刻面对敌人“扫荡”，而且

图七六　东平湖湖心岛

经常需要被迫转移。在六年的发展历程中，辗转多地，行程数百里的大转移有三次，数十里的转移更是家常便饭，至少有二三十次。在与敌人反复周旋的过程中，六个印刷所的设备均遭受了不同程度的破坏，干部、工人亦有多人被捕，虽然经历了严刑拷打，但无一人屈服；其中张朴、王凌霄等同志在同敌人的英勇战斗中献出了宝贵的生命。

鲁西银行在发行货币之初就制定了维稳政策，根据流通实际需要而选择发行货币的数量，即所谓“赶走一个，放进一个”，赶走的是虚值法币或敌伪政权发行的纸钞，放进的是鲁钞。正是这种以市场需求为导向的货币维稳政策，使得鲁钞取得了较好的信誉，根据地军民乐于使用，对于稳定市场金融具有重要意义。据统计，鲁西银行币1940至1941年发行量为795万元，到1945年达169717万元。

目前能够见到的鲁钞实物有一角券（图七七）、二角券、五角券、一元券、二元券等十四种面额，其中1941年还发行有一种四分券。为何当时会出现四分的面值，至今原因还不清楚。这张四分券票幅小，正面红色，印有山坡、房屋等图景，目前发现数量较少，推测可能属于试发行性质。当时，鲁钞的最大面值是一百元，至1943年的时候，百元钞逐渐无法适应占领市场的需要，遂决定扩大面值，增发二百、三百、五百元三种临时流通券。临时流通券在使用时与原鲁钞同等价值，也可以到各级工商局和公营商店兑换鲁钞，如此一来，市面上流通的鲁钞具备了比较完善的面值，快速适应了市场需求，为山东革命根据地的发展贡献了重要力量。

图七七 鲁西银行一角券

第五节　山东抗日根据地货币

全面抗日战争爆发之前，山东地区的实际掌控人是国民党高级将领韩复榘，由于他与蒋介石之间的矛盾，日军入侵之后，韩复榘并未认真备战，而是主动放弃了济南，向山东省西南部撤退，山东大部分城镇落入日本人之手。山东人民不甘心做亡国奴，在中国共产党的领导和号召下，先后在徂徕山、清河等十多地开展游击战争，并发动大规模的抗日武装起义。

1938年3月8日，掖县人民在共产党的带领下发动武装起义，第二天就占领了县城，废除了日伪政权，并组建掖县抗日民主政府，这是胶东半岛最早建立的抗日革命根据地。为了保证军政供给，调节市场需求、稳定物价，掖县抗日民主政府成立了财政委员会。同年四月，开始筹建北海银行，张玉田为总经理，负责银行筹备具体事宜。

北海银行开幕典礼大会于1938年12月1日在县政府大院前隆重举行，标志着北海银行正式开张营业。银行取名“北海”，源自当地民众喜闻乐见的春联“寿似南山松不老，福如北海水长流”中的“北海”二字。又因掖县北临大海，所以名曰北海。北海银行实行股份制进行招股集资，设有董事会，早期的银行职员大都来自原青岛中鲁银行、烟台农业银行，他们在“七七事变”爆发后因避难而返回掖县老家，有着丰富的金融实践经

图七八 北海银行纪念馆

验。北海银行行址设在县城大十字路口以南路西一所四合院里，今为莱州市公安局所在地。（图七八）

（一）掖县北海银行币

掖县是北海银行最初成立的地方，此地濒临渤海，物产丰富，水路交通便利，集市贸易发达。抗战前夕，县城里商号众多，经济基础较好。自1938年4月至12月期间，北海银行还处在筹建期，就已经开始发行纸币，又称掖县北海银行币。

早期的掖县北海银行币主要包括四种面值：一角、二角、五角与一元。此四种纸币设计美观，系当地沙河镇小学校长邓振元绘制而成。“七七事变”之前，邓振元曾在青岛光华制版社工作，能写善画，他以掖县本地景观入手，选取南关火神阁、县城鼓楼、玉皇顶、县政府大院四处建筑作为四种面值票券的主景，颇受使用者欢迎。票面上端“北海银行”四字，由职工邢松岩书写，字体优美端庄。正面左下部分加盖有红色印章。票面背面使用了英文，北海银行译成“BEEI HAI BANK”，一角译为“TEN CENTS（10分）”。（图七九）

图七九　北海银行掖县一角券

掖县北海银行币所使用的印钞纸为道林纸，由行长张玉田亲自去日伪占领的天津等地购买，然后打通各类关系，以海运的形式运送到掖县虎头崖港口。印钞版由青岛光华制版社负责制造，班鹏志通过邮局将钞版寄送到掖县，躲过了日伪的严厉搜查。印钞纸与钞版等工具一应俱全后，便交由掖县西门里袁氏兄弟经营的同裕堂印刷局承印。成品印制完毕后，再送至北海银行，最后打号盖章，并加盖“掖县”地名。1938年8月，第一批掖县北海银行币正式投入市场。

8月12日，胶东抗日游击队第三支队与中共胶东特委领导的山东人民抗日救国第三军在掖县合编。三天后，北海行政督察专员公署（简称北海专署）在黄县成立，蓬莱、黄县、掖县抗日民主政府有了统一的领导机构，标志着蓬黄掖根据地正式形成。8月下旬，中共胶东特委及其领导的山东抗日救国第三军总部由黄县迁至掖县，掖县由此成为胶东半岛抗日的中心。北海银行也被随之接管，改称北海专署银行，下设蓬莱、黄县两个分行，将原有的股份制改为公私合营，张玉田仍为专署银行经理，主持北海币的印制工作。

由于原来的北海币仅在掖县区域流通，为了进一步将北海币扩大至蓬、黄、掖三县，北海专署银行重新印发了纸币，也被称为第二版北海币，或专署北海币。这版北海币完全沿用了掖县北海币的底版，票面、面额、颜色、图案、印章与掖县北海币完全相同，唯一的区别就是不再加盖“掖县”二字，以便可以在三县区域内流通。专署北海币发行之时，正值秋冬交替之际，抗日部队亟须更换冬装，于是新的北海币很快投入市场，用于采购秋粮和棉花。截至12月底，专署北海币共印发了九万五千元。

（二）胶东北海银行币

北海银行的成立引起了敌人的注意。敌伪政权迅速组织力量展开突袭，企图将北海银行扼杀在摇篮里。1939年1月16日，日军对掖县展开全面“扫荡”，北海银行向黄县转移，然而敌人并未放弃，依然穷追不舍，在迫不得已的情况下，北海银行又转移至蓬莱县境。随着形势愈发危急，抗日部队暂时无力保护北海银行，张玉田根据上级领导意见，临时遣散了银行职工，并将印钞版隐藏了起来，北海专署银行就此解散。

1939年3月，胶东区党委撤出蓬黄掖根据地，随即转入大泽山区，开辟了平（度）招（远）莱（阳）掖（县）抗日根据地。5月，中共山东分局指示胶东区党委，要求重建北海银行，并将其建设成全省的金融调剂机关。于是，胶东区党委委派原北海银行副经理陈文其主动联系张玉田，此时张玉田已经投靠了国民党山东省第八区第三旅旅长赵保原。根据张玉田提供的线索，陈先后赴黄县、蓬莱县等地，最终在蓬莱县北沟村找到了撤退时隐藏的钞版。8月，北海银行在莱阳县张格庄重建，陈文其任行长，负责纸币发行工作。

由于继续沿用了原掖县北海银行制作的钞版，胶东北海银行初期发行的纸币在面额和图案上均与原来的北海币保持相同。唯一不同的是，胶东币上出现了“东海”“南海”“南”“北”等字样。有学者认为它们代表着不同的流通区域，如南与北指代胶济铁路南部与北部相应的范围。也有学者指出：地名代号的胶东北海币主要供应军政机关使用，如印有“东海”字样的纸币则分拨给中共东海特委（1939年1月成立），印有“南

图八〇 北海银行加盖“东海”一元券

海”“南”与“北”的纸币则分拨给南海特委（1939年4月成立）和北海特委（1939年3月成立）使用。（图八〇）抗日战争时期，我军面临着经费困难的境遇，战士们的补给时常无法得到保障，因此山东抗日根据地借助发行北海币的有利条件，为抗日军队筹措基本经费，在经济上为抗日战争做出重要贡献。

（三）山东北海银行币

随着山东抗日根据地不断扩大，金融工作愈发重要。1940年2月，中共山东局要求将胶东北海银行升格为山东抗日根据地银行，并在鲁中沂南县成立北海银行总行，下设胶东、清河两家分行。此后，北海银行的规模不断扩大，在新增多种金融业务的同时，开始增发山东北海银行币。

山东北海银行币从1940年开始发行，面值多样，计有五分、二角、二角五分、五角、一元、二元、五元、十元、五十元、一百元、二百元、五百元、一千元、二千元共十四种。尽管面值多样、版别众多，但它们有一处共同点，就是在纸币正面左右边缘均加盖了“山东”二字，以区别于之前加盖“掖县”“胶东”等地名的纸币。（图八一）尽管加盖了“山东”，并不代表就可以在山东全境流通，这种山东北海银行币在抗战期间主要使用区域集中在滨海、鲁中、鲁南地区，其余地方仍流通使用法币，或是地方流通券。

1941年7月1日，中共山东分局又提出新的指示：“要建立独立的银行业务……要在一年内用各种方法收回其它地方纸币与流通券，做到在山东以北海币（在鲁西区，以鲁西币）作为山东市面流通的本位币。”抗战初期，受到统一战线影响，山东地区流通的主要货币仍是国民政府发行的法币，北海银行创立之初，亦曾以法币作为

图八一　北海银行加盖“山东”一百元券

准备金使用。太平洋战争爆发后，法币的购买力逐渐下降，国民政府依靠滥发纸币来弥补财政赤字，法币的面额越来越大，购买力却越来越弱。此时，日伪政权还制造了大量的假币，并企图推向山东市场，严重扰乱了市场经济。日伪政权伪造的纸钞仿真度较高，很多使用者无法辨别。有鉴于此，中共山东分局决定在根据地内展开一场大规模的“排法”运动。

1942年5月29日，中共山东分局财委发布《关于法币问题的指示》，决定“立即实行贸易统一管理制，严格实行对外以货易货制度，以阻止法币内流及物资低价外流现象……党政军民之公营事业，均应只收我北钞，其余法币等概不收受”，随后宣布“北海银行票为我山东各地之本位币”。排法运动展开之后，山东境内各根据地均严格执行，将法币与伪币拒之门外，不仅有效地抵御了法币贬值所带来的通货膨胀，而且打破了日伪政权妄图使用假币扰乱根据地金融市场的企图。这场排法运动在近代红色金融史上产生了重要影响，其作用也是不言而喻的。

抗日战争时期，北海银行自下而上逐步组建，从掖县、胶东，发展到整个山东根据地，逐步成为山东境内影响最大的金融机关，为抗战做出了重要贡献。抗战结束后，北海银行继续存在，直至1948年12月1日才被并入中国人民银行，成为红色革命时期存续时间最长的红色金融机构。北海银行发行的系列纸币，如今已经非常珍贵，它们经历了抗战的炮火，印着革命烈士的初心，成为那个伟大、光荣时代的见证物！

第六节 华中抗日根据地货币

1941年1月，国民党顽固派阴谋发动了妄图消灭新四军的“皖南事变”。中共中央决定：将中原局和东南局合并组建华中局，刘少奇任书记。同时，重建了以陈毅为代军长、刘少奇为政治委员的新四军军部，领导华中区域党政军民，开展对日寇与国民党反动派的斗争。经过艰苦奋斗，华中抗日根据地面积逐步扩大，包括江苏、安徽及与两省接壤的湖北、浙江、河南等部分地区，总面积约26.8万平方公里，下辖人口约4300万。从地势上看，华中根据地对敌人统治的中心城市南京、上海形成了一个巨大包围圈。

根据抗日战争形势需要，华中根据地被划分为八个战略区——苏北、苏中、苏南、淮南、淮北、鄂豫边（皖）、皖中（江）、浙东，各个战略区是彼此独立的，并建立有党委与行政机构。为了进一步开展经济建设，各战略区纷纷组建银行、发行货币。在整个抗日战争阶段，华中根据地先后建立了江淮银行（江苏盐城）、盐阜银行（江苏阜宁）、淮海地方银行（江苏沭阳）、惠农银行（江苏丹阳）、淮北地方银号（安徽淮北）、淮南银行（安徽淮南）、大江银行（安徽无为）、江南银行（浙江湖州）、鄂豫边区建设银行（湖北随县）、浙东银行（浙江余姚）共十家金融机构。上述抗战银行发行了数量众多的纸币，对于保证根据地经济的稳定产生了重要作用。此外，在广大华中革命根据地范围内，不少县城还发行过流通券，如江苏兴化县流通券、高邮县流通券等。这些流通券均属低面额纸币，大都作为市场找零使用。当然，流通券的使用范围比较小，一般出了本县即无法使用。

（一）江淮银行币

江淮银行是刘少奇同志一手推动并创办起来的。早在1939年12月，刘少奇率领新四军从河南确山转移到皖东抗日根据地时，就曾提出：要想在敌后巩固根据地并取得抗战胜利，必须要建立自己的银行。这时，国民党正在加紧使用大面额法币套取根据地物资，汪伪政权推行的华兴银行币同样肆无忌惮地扰乱着根据地金融秩序。

为了使华中区的百姓免受法币、伪币的困扰，刘少奇专门找来财政经济部副部长李人俊商量对策。刘少奇建议，华中敌后的抗战局面现在已经打开，我们也要建立自己的银行，发行我们自己的钞票，与他们开展经济斗争。李人俊完全同意刘少奇的想法，并提议建立“两淮银行”（取根据地立足淮南、背向淮北之意）。刘少奇认为，两淮面太窄，不够气派，新四军要大力发展，将来要面向大江南北，跨过淮河、长江去解放全中国，应该就叫“江淮银行”。就这样，1941年4月1日，江淮银行在江苏盐城正式成立了，这是华中抗日根据地建立的第一家银行，归新四军财经部领导，财经部部长朱毅兼任行长。

银行虽然成立了，但是缺少印制钞票的设备。党组织以“华光公司”的名义从上海采购到脚踏凹印机10台、手板凸印机8台、切纸机1台、照相机1台，分批秘密运送至苏北根据地。从上海到盐城，大都属于日伪侵占区，哨卡、炮楼、据点遍地皆是，不用说是运载设备，就是平民百姓进出都要层层盘查，故被百姓称为“过鬼门关”。负责购买设备的同志巧妙地租用了外国小货轮，因为日伪对外国小货轮盘查较松，这样分三批来运，总算躲过了日伪的搜查，安全地将设备运送至根据地。

江淮银行在1941年、1942年印制了一批纸币，大都是面额较小的辅币，其中最大的面值为五元券。1944年，共发行了四种面额、七种版式的纸币，即一元券两种、五元券一种、十元券两种、二十元券两种。其中，苏中版五元券与二十元券首次在正面出现了毛主席的头像。五元券正面为蓝色，上端为“江淮银行”四字行名，票面左侧为“伍圆”面值，右侧印有毛主席的肖像，发行时间为“中华民国三十三年”。背面呈棕色，设计简单，花框中带有罗马数字“5”与年份“1944”。（图八二）

图八二 江淮银行苏中版五元券

我们知道，根据地货币大都是在极端艰苦、落后的条件下印制而成的，但是江淮银行纸币上的毛主席肖像却印得十分传神、逼真，伟人的雄才大略及奕奕神采跃然纸上。在炮火连天的战争年代，带有毛主席头像的纸币极大地鼓舞了根据地军民的斗争热情，为取得军事胜利、稳定根据地金融市场起到了不可估量的作用！

金融往事：毛泽东三次谢绝人民币印他的头像

毛泽东是中国共产党、中国人民解放军和中华人民共和国的主要缔造者和领导人，他带领全国人民夺取了新民主主义革命的伟大胜利。在抗日战争时期，有六种纸币印有他的肖像，主要集中在江淮银行、淮南银行与淮北地方银号等三家金融机构发行的纸币上。可是，很少有人知道，毛泽东曾三次谢绝人民币印他的头像，这是怎么一回事呢？

第一次是1948年初，随着解放战争形势的不断发展，党中央决定建立全国统一的银行，于是在河北省平山县西柏坡成立了“中国人民银行筹备处”，并着手设计第一套人民币。董必武、南汉宸两位同志负责中国人民银行的筹建工作与人民币的设计事宜，第一套人民币在设计稿中采用了毛泽东的头像。毛泽东在看到设计稿后，不同意在票版上印他的像，说：票子是政府发行的，不是党发行的。我现在是党的主席，而不是政府主席，因此票子上不能印我的像。

第二次是1953年。当时，全国的经济情况迅速好转，第一套人民币已经无法满足市场需要，中央决定委托人民银行发行第二套人民币，当时新版币的设计工作由著名画家罗工柳负责。此时，毛泽东已经当选为中央人民政府主席，而且当时苏联流通的货币上都印有列宁的头像，于是罗工柳也将毛泽东的头像设计在新版人民币上。设计稿经周恩来转呈毛泽东审阅，看过后，毛泽东还是不同意将自己的头像印在人民币上。

于是，罗工柳带领设计组的同志重新设计新版币，其中五元券的正面

图八三 第二套人民币五元券

主景为民族大团结、一元券的正面主景为天安门。当新的方案再次呈给毛泽东审阅的时候，他又指出：五元券中有民众举着他的相片，一元券天安门城楼上也挂着他的像，建议删掉。因此，五元券的主景做了微调，民众举起的毛泽东像，改成了“中华人民共和国万岁”等标语（图八三），一元券天安门上则取消了毛泽东像。

就这样，毛泽东三次谢绝人民币印他的头像，从那之后，直至他去世，人民币上都没有出现他的肖像。

（二）盐阜银行币

盐阜银行成立于1942年4月，隶属盐阜行政公署财政经济处，注册资本50万元。行址阜宁县位于苏北，地理位置优越，当地以盛产盐和棉花而著名，粮食产量高，因而具有较好的经济基础。

盐阜银行成立的初衷与江淮银行相同，主要是为了改善根据地混乱的金融环境，阻止法币与伪币的流行。成立之初，当务之急便是发行钞票。盐阜银行的印钞厂设在阜东县一个名叫东辛庄的小村子，借用了老百姓的几间草房作为操作室，印制设备同样非常落后，仅有两部陈旧的脚踏圆盘机和一部三号圆盘机，既没有足够的设备，也缺乏懂技术的印钞员。当时，根据地有两名从上海转过来的地下党员——谭苏民与陈连庆，他俩原来做过排字工人，于是一边学一边干，逐渐肩负起印钞的任务。

印钞版是当时面临的一个大难题，根据地还不具备制作铜质或锌质钞版的条件，于是骆耕漠行长便将目光转移到当地比较流行的木刻版画上。盐阜报社有一位名叫沈柔坚的同志，擅长木刻艺术，骆行长请他使用黄杨木雕刻了一角、二角正背面八块钞版的初稿，并从中选取四块。其中两块是横版一角券，正面主图刻有“壹角”“盐阜银行”与“中华民国三十一年印”字样，背面图案系正在从事耕作的驴群；（图八四）另外两块是竖

图八四　盐阜银行一角券

版二角券，正面主图是牛拉车，背面系月光下的小木船。这两张用木刻板印制的纸币便成为盐阜银行最早发行的货币。

木刻板纸币起到了很好的防伪效果。骆行长赞扬道：“用木刻画印钞票，风格刀法不同，别人很难假冒。”沈柔坚在刻字时，稍不注意把“1942”年的“9”字给刻倒了，银行同志看了后打趣说：“不要紧，这样更假不了。”印钞纸更是无法仿制，因为印钞纸使用了桑树根皮与棉花作为原料，纸面粗糙且呈现出绿而透红的颜色，在付印之前，必须使用小刀刮平加以整理，否则一上机器就能把钞版压坏。盐阜银行印出来的纸币，纸张牢固、不易撕破，尽管技术落后，但正是因为使用了木刻制版、原始材料做纸等技术，才使得敌人无法仿制，因而取得了奇效。当地群众风趣地说道：“土抗币，威力大，敌人无法冒充它。”

盐阜银行币的货币信誉极高，颇受当地民众的喜爱。自1942年起至1944年底，共发行近600万元的纸币，这批资金不仅成功抵御了法币、伪币的侵蚀，自始至终保持着稳定的市场价值，保障了民众的根本利益；而且有力地支持了根据地军民建设，特别是扶植了当地棉纺织轻工业的发展，促进苏北地区经济持续繁荣。（图八五）

图八五 盐阜银行一元券

（三）淮南银行币

淮南银行隶属淮南抗日根据地，该根据地位于安徽省东部与江苏省西部地区，是新四军第二师罗炳辉部队的驻扎地。淮南银行成立于1942年2月，行址位于江苏省淮安市盱眙县葛家巷（现属安徽天长市），首任行长龚意农。同年5月，开始发行纸币，又称淮南银行币，主要流通于淮南地区。

淮南银行币主要发行了四个年份，即1940年版、1942年版、1943年版、1944年版。前三个年份主要发行小面额纸币，最大面值未超过十元。1944年，受物价波动影响，增发了一百元纸币。相比华中区其他银行发行的纸币而言，淮南银行币体现出两个鲜明的特色。第一，注重人物刻画，特别是“工农兵”形象。如1944年五角券正面，主景就采用了三位站立的人物形象：战士持枪站立中央，工人居右肩扛铁锤，农民在左怀抱稻禾，三个人物栩栩如生，各具特色。再如1944年一元券，正面主景由多幅图画构成，有在教室里听课的学生，有从事劳作的耕农，还有工厂里热火朝天忙碌的工人。这些人物刻画逼真，反映出革命根据地朝气蓬勃的生产、生活场景。（图八六）

第二，淮南银行币率先出现了水印防伪技术。实际上，中国是世界上最早将水印应用到纸币防伪上的国家，早在宋代官府发行交子时，就采用了楮木皮为原料，由此生产的纸可以形成明暗两种花纹，被普遍应用于古代纸币防伪。抗日战争时期，各根据地大都面临条件简陋的客观现实，很难在印钞技术上取得突破，水印技术更是难以攻克的难题，因此现在发现的“抗币”，几乎见不到带有水印的纸币。然而，淮南银行1944

图八六 淮南银行一元券

年十元券与一百元券上就出现了毛主席水印肖像。这两种纸币在正面左部、背面右部相同的位置均设置有一个圆形的花框，花框内正面直视是白色的，一旦拿起来对着光，就能看清楚毛主席的肖像。通过实物来看，尽管水印不是特别清晰，但完全能够识别，这也反映出根据地的制币技术在不断提升。（图八七）

这里我们重点介绍一下1943年十元券。这张纸币的正面右边有一幅“万人大会场”图景，这是召开的什么大会？会场在哪里？这幅图究竟有什么含义？（图八八）实际上，这还要从红军长征讲起。1935年1月4日，中国工农红军第一方面军向黔北重镇遵义进军。7日晨，红军先头部队进

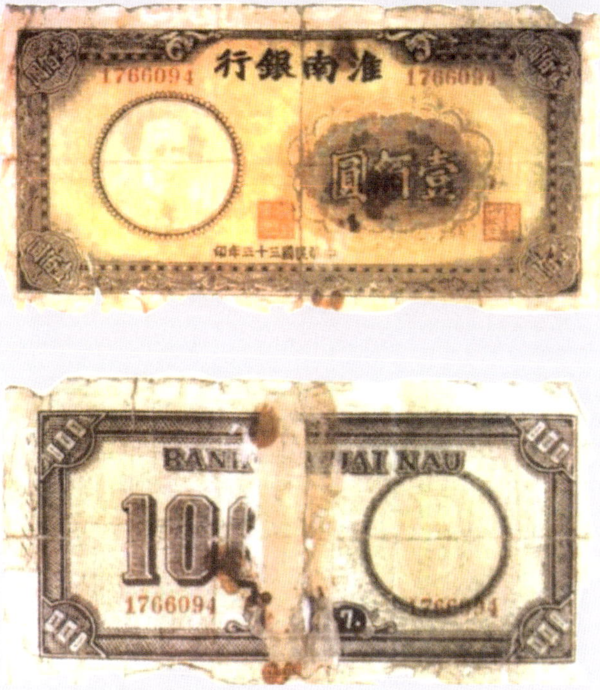

图八七　淮南银行一百元券

占遵义，两天后中共中央领导人进驻遵义县城。当时，县城里的工人、学生、商人、贫民及地方知名人士在南门关丰乐桥列队欢迎。

红军进驻遵义后，为了执行三大任务，决定召开一场规模盛大的群众大会。12日上午，遵义全县群众数万人聚集在省立第三中学（现为遵义市第十一中学）大操场，会场人山人海，群众兴高采烈，周围插满红旗，用竹子和木板临时搭建的主席台设在靠南面墙的地方，会场中间还有两张方桌摆成了高台，两名红军战士站着使用喇叭筒维持现场秩序。

下午一点，大会正式开幕。开场时，筹备大会的代表报告了筹备经过。紧接着，朱德同志登台发言，他向台下的群众讲述“红军是工人农民

图八八 淮南银行十元券

的武装，是保护人民利益的，要消灭国民党反革命武装”的道理。毛泽东也以“只有苏维埃才能救中国”为话题展开了讲话。此后，红军总政治部代主任李富春、工人代表邓云山、妇女代表李小侠、红军代表贺神徒等也都纷纷在主席台上做了精彩的演讲。等到讲话完毕的时候，全场响起了浪潮般热烈的掌声，遵义县革命委员会在欢腾的锣鼓、热情的鞭炮声中正式宣布成立。当日，遵义县革命委员会成立的消息便通过红军无线电通告全国。

这是一场盛况空前的群众大会，不仅宣布成立了遵义县革命委员会，而且标志着红军将进入一个新的战略阶段。后来，大家都称这次大会为“万人大会”，遵义省立第三中学也成为名副其实的“万人大会场”。这一幅雄壮气派的图案出现在淮南银行的纸币上，对于处在艰苦抗战中的华中根据地军民而言，无疑带来了巨大的激励，它使人民相信：中国必然会取得抗日战争的伟大胜利！

第七节　浙东、琼崖抗日根据地货币

1941年夏，中国共产党在浙东地区创建了“三五支队”抗日武装。次年7月，建立了浙东区党委。1945年1月，浙东行政公署成立。相比之前述及的根据地，无论是区域面积，还是下辖人口，浙东抗日根据地都属于规模较小的抗日根据地。它拥有四个行政区，面积两万余平方公里，人口约400万。浙东银行的成立时间也较晚，1945年4月1日才正式营业并发行货币。同年10月，按照中央指示，新四军主动撤出浙东抗日根据地，浙东银行同时停止营业。在奉命北撤前，银行工作人员大量回收浙东银行币，并就地焚毁，因此目前浙东银行币的实物十分罕见。

浙东银行币的种类不多，目前见到的仅有二角、五角、一元、五元、十元这五种。其中二角券印制较为简单，正反面均无图案，正面方框内只印有“浙东银行”“辅币贰角”“拾角兑换抗币壹圆”“中华民国三十四年印”等字样。（图八九）由于浙东银行存在时间较短，纸币发行数量较少，为了弥补市场通货不足，浙东各县纷纷组织本地金融机构、商会发行了地方流通币，目前见到的实物有慈溪县、余姚县、鄞县、上虞县、南山县等地方流通券。地方流通券种类繁多、面额多样，对于缓解市场货币供应不足等问题起到了积极的作用。

在数量众多的地方流通币中，几家县城商会发行的金属镴币颇具特

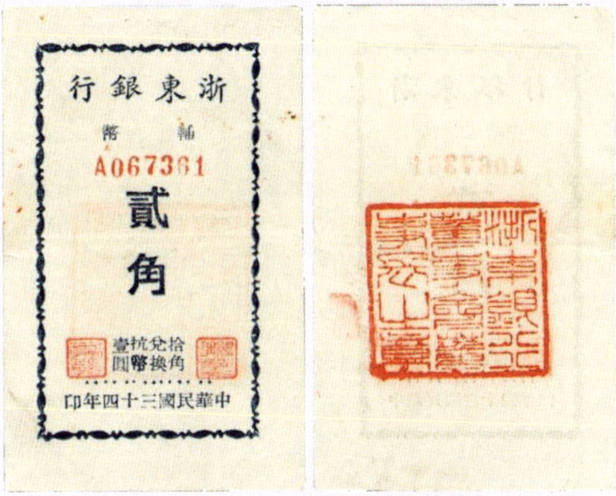

图八九　浙东银行辅币二角券

色。镴是一种铅锡合金，熔点较低，易于铸造。目前所见到的几种镴币以慈溪观城商会为代表。观城位于浙江省宁波市慈溪县（现为市）的北部，在当时属于经济较为活跃的集镇之一。为了改善市场通货不足，特别是小面额辅币极度缺少的现状，观城商会于1945年8月发行了一套镴质辅币，计有一分、五分、一角、二角、五角共五种面额，九种版式。依据目前见到的实物来看，这批镴币外表呈青灰色，系手工做模压制而成，币面文字清晰。（图九〇）我国历史上极少出现以镴制作钱币的例了，浙东根据地观城商会镴币的独特性也因此而彰显，并成为抗战时期的历史见证物。

琼崖抗日根据地是中国共产党在海南建立的革命根据地之一。1939年2月，日寇侵占了海南岛，并扶持汉奸成立了“琼崖临时政府”，由此展开对海南岛的经济掠夺。当时，日本横滨正金银行在岛内多地设立分行，滥发纸币，强迫海南人民使用银元兑换伪币。我们知道，相比金银等硬通货，日伪政权发行的纸币本身就是虚值货币，而且其货币信用得不到任何保证，几乎等同于一张废纸，这无疑是赤裸裸的抢劫！

图九〇 观城商会二角、一角币

按照中共中央的指示，琼崖特委负责领导和组织海南人民，针对日本帝国主义的侵略展开武装斗争，并建立了“琼崖东北区政府”，冯白驹任政府主席。为了进一步粉碎敌人对海南岛的经济掠夺，挽救海南人民的金融物资，琼崖东北区政府开始发行代用券。代用券仅有一种面额，即一元，这是为了与当时市场上流通的银元主币面值保持一致。

这种一元券，正面系蓝黑色，上端有“琼崖东北区政府代用券”，左侧有“壹圓”字样，这种“圓”字写法与市面上常见的“袁大头”银币上的文字相近，这也是为了告诉群众，本流通券与银元等值使用，右侧有农民耕种与椰树林图案，反映了海南地区的特色，下端印有“凭券在琼崖区兑换国币”字样，发行时间是中华民国三十一年；背面系淡红色，中央仍以椰树作为主景，右边是冯白驹主席的头像，左边为阿拉伯数字“1”。

（图九一）该代用券发行之后，受到了当地民众的信任，有效地抵御了日伪对海南的经济侵略，当然也引起日伪政权的极大不满。据说，日伪政权以非常严厉的手段打击代用券，并大肆查抄根据地印钞场所，销毁了不少市面上流通的代用券。今天，这种“琼崖东北区政府代用券”已经非常少见了，它向我们无声地诉说着抗日战争的艰难进程，并时刻警醒后人要牢记历史使命。

1945年8月10日晚，延安新华通讯社的报务员收到发自路透社、合众社有关日本向中国、美国、英国、苏联发出乞降照会的电讯。日本乞降的消息在延安不胫而走，人们洋溢着胜利的喜悦，奔走相告。8月15日，日本天皇以广播发布《终战诏书》，宣布无条件投降。消息传到延安后，整个延安城再次沸腾。“日本投降了！”“我们胜利了！”的欢呼声此起彼

图九一　琼崖东北区政府一元代用券

伏，大街小巷贴满庆祝胜利的标语，商铺店号门前挂起吉祥喜庆的大红灯笼，口号声、欢呼声、锣鼓声、鞭炮声响成一片。当晚，延安各界群众举行了盛大的火炬庆祝游行。全国各地民众均以不同形式的活动欢庆抗战的胜利！

中国抗日战争是反侵略的正义战争，是世界反法西斯战争的重要组成部分。中国战场是反对日本法西斯侵略的主战场，也是世界反法西斯战争的东方主战场。在这场长达14年的抗战中，中国付出了巨大的民族牺牲，中国军民先后伤亡达3500多万人。按1937年的比值折算，中国直接经济损失1000多亿美元，间接经济损失5000多亿美元。中国人民为世界反法西斯战争的胜利做出了不可磨灭的贡献。

第四章
解放战争时期的
红色货币

抗日战争结束之后，中国共产党就和平建国等重要议题与国民党进行了系列谈判，并先后达成《国共双方代表会谈纪要》《停战协定》及政治协商会议通过的各项协议。然而国民党却在美国的大力支持下，加紧部署全面内战，公然违背各项和平协定，于1946年6月26日向中原解放区发动疯狂进攻，国、共两党的军队在中原地区（湖北、河南交界）爆发了大规模的武装冲突，中国人民解放战争就此开始。

在抗日战争后期，到1945年上半年，中国共产党领导的人民军队已建立起陕甘宁、晋察冀、晋绥、冀热辽、晋冀豫、冀鲁豫、山东、苏北、苏中、苏南、淮北、淮南、皖中、东江、琼崖、湘鄂赣、鄂豫皖、河南、浙东共19块抗日民主根据地，日本投降后统一改称为解放区。解放战争中，上述解放区的面积不断调整、连接和扩大，并逐步形成西北、华北、华东、东北、中原、华南等几块规模较大的解放区。

在解放区内，中国共产党消灭了反动武装，建立了健全的党组织及统一领导的政府、军队和群众团体。由于各解放区在经济上排除了半殖民地和半封建因素，因此可以实行大刀阔斧的金融改革，陆续发行了多达540余种红色货币，为解放战争提供了重要的财力支撑，同时满足了解放区经济建设的需要，为中华人民共和国的建立奠定了坚实基础。

第一节　西北解放区货币

西北解放区主要包括陕甘宁与晋绥两个区域。1947年3月13日，国民党军胡宗南部以23万兵力向陕甘宁边区发动了重点进攻。为了粉碎国民党的围攻，中共中央决定采取诱敌深入的战术，将中央机关和人民解放军总部暂时撤离延安，转战陕北、晋西地区，但仍然在陕甘宁地区部署兵力与敌人周旋，拖住国民党的主力部队，然后乘敌之隙，集中优势兵力，各个歼灭。在接下来的五个月时间里，西北野战军先后取得了七次较大战役的胜利，结束了国民党对陕甘宁地区的重点进攻。1948年1月，晋绥边区同陕甘宁边区统一为西北解放区。

抗战期间，各根据地建立的银行经历了战火的洗礼，不仅奠定了扎实的群众根基，而且积累了丰富的金融斗争经验。此时，陕甘宁边区银行、西北农民银行、晋察冀边区银行、冀南银行、北海银行仍然处于蓬勃发展之势，为解放战争金融发展与货币发行工作打下了坚实的基础。随着西北解放区规模迅速扩大，原陕甘宁边区银行与西北农民银行合并，组建成新的西北农民银行，负责整个西北解放区的货币发行工作。

（一）陕甘宁边区贸易公司商业流通券

进入解放战争时期，原来由陕甘宁边区银行发行的各类流通券依然可以正常使用。目前见到的陕甘宁边区贸易公司商业流通券主要有1946年版一千元两种、1947年版二千元一种以及五千元券两种。实际上，这几种商业流通券在设计风格上受到了同时期法币的影响，票面均呈竖式，以绿、蓝、黄为主色调。如1946年一千元券，正面蓝色，主景为农民耕作图，并印有发行机构、时间、面值等基本信息；背面是完整的四条布告，规定了流通券的使用范围、与陕甘宁边区银行币的比价、发行准备及代理交换法币办法等内容。（图九二）

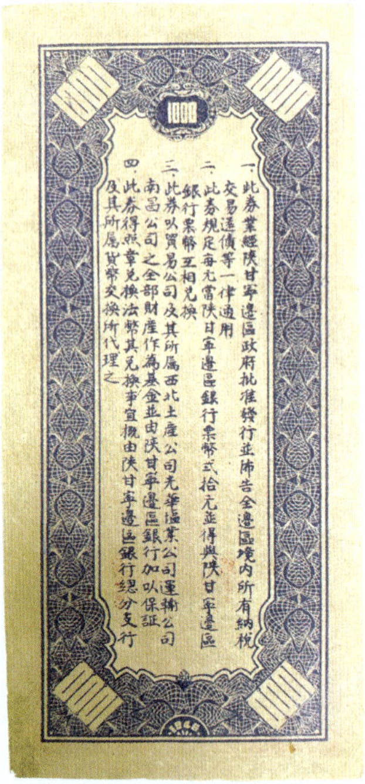

图九二 陕甘宁边区贸易公司商业流通券一千元券

相比抗日战争时期，陕甘宁边区新发行的商业流通券在面值上有所扩大，均为千元以上大额钞票，这与当时的物价上涨有着紧密联系。据统计，1946年11月底，延安市场土布价格较上月上涨65%，小麦上涨26%，日用品上涨28%。与之同时，备战需要使得财政开支不断扩大，此时中央要求边区至少准备半年物资，随着战斗人员的增多，财政赤字开始出现，1946年11月预算收支差额高达10亿元以上，亟须设法弥补。针对现状，边区银行召开了行长联席会议，专门制定了备战时期的金融货币政策：在稳定边区物价的前提下，提高商业流通券的面值，同时打击法币，严厉阻止不法之人使用大面额法币在边区套取物资。边区银行正确的货币政策，不仅稳定了之前市场频繁波动的物价，而且解决了部队的经费难题，为解放战争的逐步胜利提供了金融保障。

长期以来，关于根据地、边区政府发行货币的性质，以及与法币的关系，是大家讨论的热点问题。实际上，自抗日战争光华商店代价券发行以来，边区币的独立性就引起过热烈争议。我们知道，边区币的发行是特殊政治、经济、历史条件下产生的特殊问题，在独立性上，特别是同法币的关系上，不同时期的货币又有着不同的内涵。具体来说：土地革命时期，苏维埃政权发行的货币是独立的，完全不受国民党货币制度的影响；抗战初期，各个根据地发行的流通券、代价券，其目的是解决法币辅币短缺的难题，从根本上说，这些流通券、代价券也是法币的一类特殊辅币，因而不具备完全意义上的独立性质；至于边区政府发行的边区币，由于发行机构独立，又形成了相对完善的货币运行制度，因而具有较强独立性。但是，与之同时，它还与法币保持着紧密联系，特别是在国共合作时期，根据地往往作为国民政府领导下的一个特区而存在，这种情况下，实现货币完全独立不利于构筑抗日统一战线。而且，根据地经济的发展，在一定程度上还需要与其他地区建立联系，并不能孤立存在，所以边区币亦无法回避与法币的兑换关系。

（二）西北农民银行币

为了实现中共中央“统一后方，全力支前”的总方针，西北局在1947年10月兴县会议中提出关于统一陕甘宁、晋绥两边区财经工作及机构的拟议。11月23日，陕甘宁、晋绥联防司令部发布了合并两个边区银行，统一两种边区货币的公告，标志着陕甘宁边区银行与晋绥边区西北农民银行正式合并，组建新的西北农民银行。同时，陕甘宁边区贸易公司与晋绥边区贸易公司合并，改称西北贸易公司。按照中共中央西北局的要求：西北农民银行与西北贸易公司在组织机构上合二为一，以利于工作的推行。

新的银行组建之后，针对如何解决市场上两种货币并存问题，当时有人建议：先是允许两种货币并行流通，在此后三四个月的时期里，逐渐确定其中的一种作为本位币。并逐步使用本位币兑换另外一种货币，完成货币统一。经比较，大家一致认为西北农民银行币（以下简称西农币）比陕甘宁边区商业流通券更适合作为本位币，最主要的原因就是“西北”二字可以包括陕甘宁和晋绥两个地区，从流通地域上看，更加符合新形势的需要。

1947年11月11日，西北财经办事处发布通知，主要内容为：一、两种货币可以并行流通，其比价为1∶1，也就是商业流通券一元可以兑换西北农民银行币一元；二、确定西北农民银行币为本位币，贸易公司、银行及一切公私企业、机关、商店，在商品交易、记账、标价、清理债务等方面，均以西农币为准。

合并后的西北农民银行自1947年11月起，开始发行新版西农币，至1948年12月止，其间共发行了四种面额、七种票券的纸币，均为大面额货币，其中二千元券一种、五千元券两种、一万元券三种、五万元券一种。西农币的票券均为横式设计，与陕甘宁商业流通券的竖式风格有着明显区别。以1947年版五千元券为例，该券正面为蓝色，中央主景为放牧图，远方还可以清晰地看到延安宝塔山威严矗立，票面下端为发行时间“中华民国三十六年”；背面为红色，中央为一座塔阁，两边各有数字“5000”字样，上端西北农民银行的行名由拉丁文翻译，写成“SIBEI NUNG MININXANG”。（图九三）在纸张选择上，西农币主要使用了双层麻纸，这种麻纸不仅提高了纸币的柔韧性，而且增加了伪造的难度。时至今日，我们见到的诸多西农币实物，票面虽然多有褶皱，但严重破损的并不

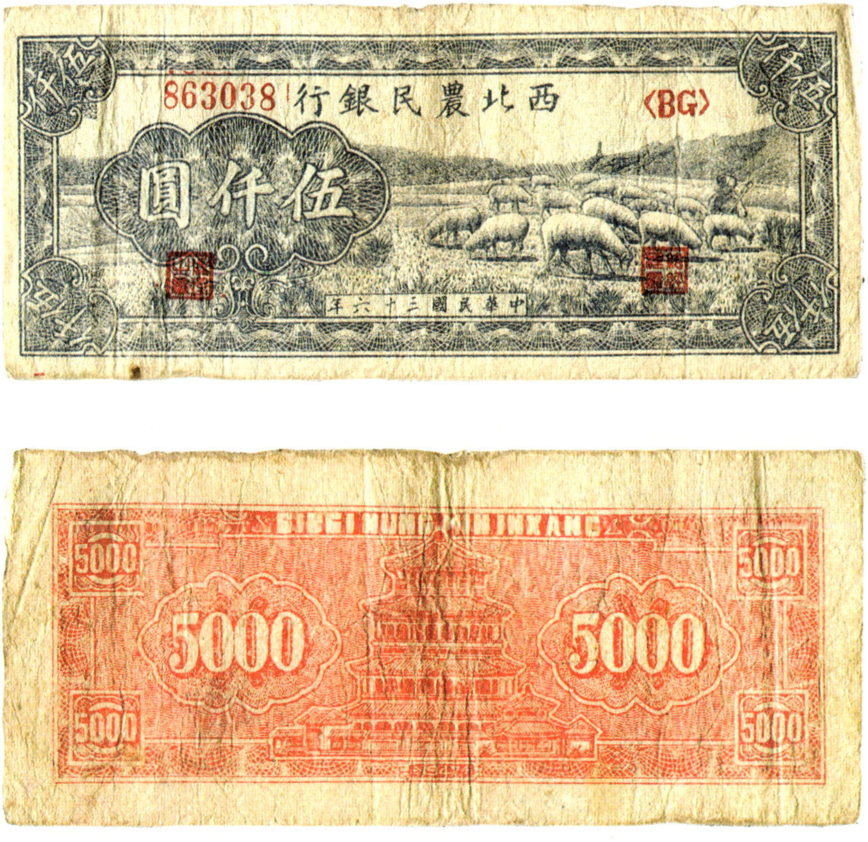

图九三　西北农民银行五千元券

多，这与当时特殊的印制工艺有着紧密的关系。

1949年5月，中国人民银行发出回收各解放区发行的地方纸币的通令，西农币按照2000：1的比例兑换人民币，也就是两千元西农币兑换一元人民币。从此，西北农民银行币结束了光辉使命，永远地退出了历史舞台。

第二节 华北解放区货币

华北解放区主要由晋察冀与晋冀鲁豫两大解放区构成。之前我们曾讲到，晋察冀根据地主要流通的货币是晋察冀边区银行币，而晋冀鲁豫地区主要使用冀南银行币。进入解放战争后，原来的边区币依然可以正常流通，但有时无法满足市场需求，故边区银行继续增加发行了一些新币。到了1948年5月，两大银行合并组成华北银行，并确定冀南银行币为华北解放区的本位币，晋察冀边区银行币随之停止发行，市面上的晋察冀边区银行币按照10：1的比价与冀南银行币进行兑换。

（一）晋察冀边区银行币

日本投降之后，晋察冀边区委员会奉命接收北平。根据中央指示：原边区政府主任委员宋劭文同志任北平市长，同时还要求晋察冀边区银行负责接管和恢复北平市的金融工作。于是，在边区党校学习的关学文同志再次被调回，重任银行经理，原边区贸易局的秘书主任何松亭同志任副经理，他们一行六人随着接收北平的解放军队伍，出发去北平。

接收队伍进入涞水地区后，驻北平的日军根据蒋介石的命令，拒不向八路军缴械投降。接收队伍随即转向张家口地区，接收了伪蒙疆银行，并在伪蒙疆银行所在地成立了新的晋察冀边区银行。随着张家口的解放，原伪蒙疆银行两个印刷厂，即新闻社印刷厂和星野印刷厂也被解放军接收。1945年9月17日，新银行正式营业。为了恢复张家口地区的市场经济，方便商业贸易与物资交流，经边区委员会批准，开始发行新的晋察冀边区银行币。

原伪蒙疆银行的印刷厂拥有相对先进的印钞设备，因而此时期发行的纸币大都使用了胶印技术，在纸张质量得到提升的同时，新的边区币呈

图九四 晋察冀边区银行一千元券

现出主景图像清晰、纸张经久耐用、防伪技术较高等特点。在驻张家口的一年间，晋察冀边区银行先后发行了一百元、五百元、一千元、五千元等面值的纸币。其中，1946年发行了两种一千元券。第一种千元券正面主色是黑底与蓝绿色套印，上端有行名和面额，中央主景是牧马图，下端为发行时间“中华民国三十五年”；背面浅棕色，主图为张家口大境门。（图九四）大境门始建于明代崇祯十七年（1644），是万里长城四大关口之一，也是连接边塞与内地的重要交通孔道。历史上，蒙、汉、回、藏等民族在这里从事商贸交易。自明代中后期起，张家口大境门外逐渐形成了颇具规模的边贸市场，来自蒙古草原和中亚腹地的牲畜、皮毛、药材、毛织品、银器等在这里换成了丝绸、茶叶、瓷器和白糖，大境门外成为我国北方国际易货贸易的内陆口岸，同时也成为多民族文化的交汇之地。1927年察哈尔督统高维岳在大境门门楣上书写了“大好河山”四个颜体大字，苍劲有力，颇为壮观，更为大境门增添风韵。

第二种千元券正面主色是黄底赭色套印，上端行名，四角位置印有面值，下端系发行时间，中央主图为通桥，这也是张家口当地著名的历史建筑之一。（图九五）1924年，张家口暴发了洪灾，为了治理清水河，时任察哈尔都统的张之江，报请西北五省边防督办冯玉祥批准，由赵世忠负责在清水河上建设一座新桥。赵世忠是河北怀来人，青年时代就读于国立北京大学，学习土木工程专业。为了建好此桥，他精心设计，反复查阅资料，夜以继日地工作。1926年春天，通桥竣工。此后，该桥发挥了重要交通优势。1945年8月15日，宣布投降的日军由张家口撤退时，想炸毁通桥，但是仅在桥面上炸出一个坑，而桥身却完好无损，通桥依然坚固地挺立在清水河之上。8月22日，解放军雄赳赳地从通桥上通过，第二天张家口就迎来了解放！今天，我们在晋察冀边区银行发行的这张千元纸币上，似乎可以看到解放军跨越通桥时脸上充满的自信和道路两旁夹道欢迎的民众所洋溢出的灿烂笑容。

图九五 晋察冀边区银行一千元券

1946年10月，由于国民党的疯狂进攻，晋察冀边区银行撤出张家口，迁往保定市阜平县光城村，印刷厂亦随之转移到附近的南峪村。然而，边区银行并未因此停止货币发行工作，在与冀南银行合并之前，还印制了1947年版一千元券一种和五千元券两种。直至中国人民银行发行人民币之后，以一元人民币兑换一千元边区币的比价进行兑换，晋察冀边区银行币才最终完成了历史使命。

金融知识：日伪政权建立的蒙疆银行

“卢沟桥事变”爆发之后，日本为了进一步实现对中国的经济掠夺，先后在华北、华中地区设立了二十多家银行，其中蒙疆银行与中国联合准备银行（1938年设立于北平）、华兴商业银行（1939年设立于上海）、中央储备银行（1941年设立于南京），并称为“四伪银行”。

蒙疆银行于1937年12月1日设立于张家口市，是四伪银行中最早成立的一个。当时，包悦卿任总裁，日本人山田茂二任副总裁，银行的主要业务是发行货币、统管区域金融，为日本殖民统治服务。同时，日本还想利用蒙疆银行切断西北中国共产党与苏联的经济联系，从而控制这一区域的自然资源，达到“以战养战”之目的。

1938年3月，蒙疆银行开始发行货币，有纸币和硬币两种。硬币主要为角币，纸币多为十元、百元券（图九六）。为了加紧对中国的经济侵略，蒙疆银行不断地滥发纸币，1938年至1942年间，纸币发行量增长295.7%，导致了严重的通货膨胀，使内蒙古地区人民遭受了巨大损失。到1945年，蒙疆银行先后约发行了42亿多元的纸币和金属币。抗日战争胜利后，按照协议蒙疆银行由国民党中央银行负责接收，并清理、收兑市场上的纸币。但因实际收兑时间仅有三个月，偏远地区的人们并不知道收兑消息，很快民众手中的蒙疆银行币成了废纸，人民的财富转瞬即空。因此，遗留在民间的蒙疆币数量不少，这些实物成为日本帝国主义侵略中国的铁证！

图九六 蒙疆银行百元券

（二）冀南银行币

晋冀鲁豫边区的地理位置十分重要，它连接着华北、中原与西北地区，因而成为国民党军队进攻的主要目标之一。随着当时边区政治、军事形势的不断变化，1945年8月，冀南银行从黎城县小寨村迁至涉县索堡村。同年底，依据边区政府的指示：冀南银行下设太行、太岳、冀南、冀鲁豫四个区行，同时鲁西银行并入，由冀南银行总行统一领导。1946年3月，冀南银行总行地址再次迁徙至邯郸，银行工作开始由农村进入城市，并在各县普遍设立分支机构。至1947年10月，其基本建构包括4个区行、26个市分行、173个县支行，拥有干部职工2000余人，形成了比较完善的金融运行系统，是当时全国影响较大的银行之一。

解放战争初期，晋冀鲁豫边区的经济形势不容乐观。此时，边区政府在解放广大农村的同时，还接收了数量众多的中小城市，这些城市原来均为日军或日伪政权占领，经过长期战争，呈现出生产困难、物价飞涨、市场混乱等特点，城市经济亟须恢复。同时，原来在抗日战争时期发行的冀南银行币，虽然可以继续流通，但流通区域大都以农村和偏远山区为主，城市商品交易仍有使用法币、日伪联银券的现象。有鉴于此，边区政府制定了“大力发行推广冀南票，坚决禁止法币、敌伪货币及一切杂币流通”的货币政策，以此保障冀南银行币完全占领解放区和新解放的城市。

这一时期发行的纸币约有七种，其中1946年一百元券两种、五百元券一种，1948年五百元券三种、二千元券一种（图九七）。在这几种纸币上，频繁出现了火车形象，这与当时华北地区铁路运输相对发达有一定关系。此时，冀南币还面临着一个问题：随着解放战争的不断胜利，我国北方地区很快连成了一片，各地间商品经济往来频繁，但是各解放区都有自己的本位币，各种货币之间并未形成固定的比值，因此给市场交易带来诸多不便。

1947年3月，华北财办筹备处在河北邯郸召开了会议，就晋察冀、晋冀鲁豫、山东、晋绥、陕甘宁等五个解放区的财政经济工作进行了深入讨论与研究，特别是对几个解放区本位币之间的兑换比价问

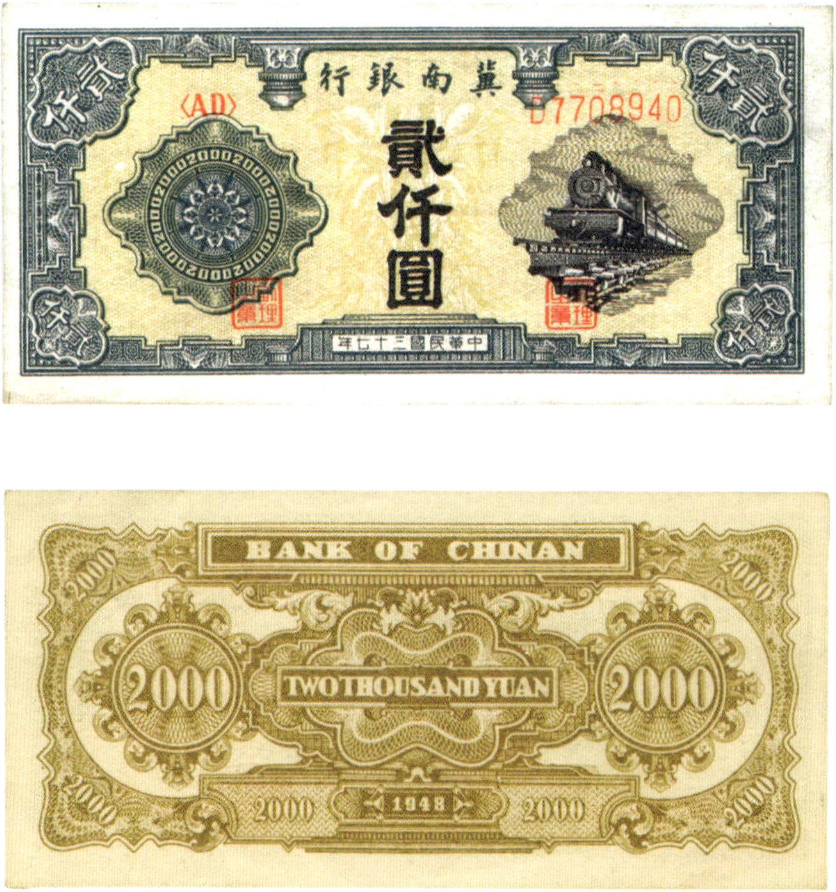

图九七 冀南银行二千元券

题给予了重点关注，并初步形成了兑换意见。同年10月24日，中共中央华北财经办事处成立，统一领导华北地区各解放区的金融财经工作。同时，中共中央正式颁布了各解放区货币之间的兑换比例（见表二）。

表二　华北地区各解放区货币兑换比例

序号	货币名称一	货币名称二	兑换比例	备注
1	晋察冀边区银行币	冀南银行币	10∶1	1948年4月15日执行
2	晋察冀边区银行币	北海银行币	10∶1	1948年10月5日执行
3	冀南银行币	北海银行币	1∶1	1948年10月5日执行
4	西北农民银行币	冀南银行币	20∶1	
5	西北农民银行币	晋察冀边区银行币	2∶1	1948年11月20日执行
6	冀南银行币	华中银行币	1∶1	
7	冀南银行币	陕甘宁边区贸易流通券	1∶20	
8	冀南银行币	陕甘宁边区银行币	1∶400	

按照中共中央的要求，各解放区之间的货币，只要遵循上述比价，都可以任意流通。这个货币比价并不是人为主观决定的，而是各大银行根据各地货币购买力的不同来具体设计、规定的。如此一来，华北地区各解放区之间的货币流通就变得十分顺畅，直接促进了商品经济快速发展。

1948年7月22日，根据中央指示，晋察冀边区银行与冀南银行合并，改为华北银行，南汉宸任总经理，副总经理为胡景沄、关学文。新的华北银行成立后，并未发行货币，之前各解放区的货币依然可以流通，但市场逐渐确定冀南银行币为本位币。在新中国成立前夕，冀南银行币在华北各大解放区非常流行，包括太行、太岳、冀南、冀中、冀鲁豫、晋中等行政区的34个专署、277个县市，为人民币统一全国做了充足的准备。

金融人物：南汉宸

南汉宸，山西省洪洞县人。辛亥革命爆发时，还是学生就在当地组织敢死队，响应革命。读书时期，接受实业救国的思想，考入太原高级工业专门学校，积累了管理经验与理财的本领。1926年加入中国共产党，后在冯玉祥、杨虎城部从事统一战线工作，曾利用他在国民党地方政府中的合法地位，多次帮助、营救和掩护过党的同志。1936年年底，西安事变后，在十七路军中反复宣传我党关于和平解决西安事变的方针，对稳定十七路军发挥了很大作用。1938年9月，在延安担任中共中央统战部副部长。1941年，任边区财政厅厅长。一次，毛泽东在枣园召见南汉宸，风趣地说："我们不能跳崖，不能解散，我们要自己动手。中央决定由你任边区财政厅厅长，我就是要你作一个会做无米之炊的巧媳妇。"抗日战争胜利后，赴张家口任晋察冀边区政府财政处处长，领导晋察冀边区的财政工作，迎接华北解放。1948年7月，任华北银行总经理。中国人民银行成立后，担任第一任行长，投身于建立新中国金融体系的伟大事业中，并做出了卓越的贡献。

第三节　华东解放区货币

抗战胜利前夕，华中地区各根据地已经连成一片，为了便利各根据地之间的物资交流与商贸往来，将各地区之间发行的货币纳入统一管理，便成了新形势下的当务之急。于是，中共中央华中局决定组建华中银行来具体负责这一事务。1945年8月1日，华中银行在江苏盱眙张公铺乡成立，并将原苏中、苏北、淮海、淮南、淮北等地区设立的银行调整为华中银行分支机构。同年9月，受中央指示，华中分局北移与山东分局合并，成立中共中央华东局，全面负责华东解放区的工作。解放战争爆发之后，华中银行随军迁徙至山东，与北海银行合署办公。1947年11月，华中银行再次南移至苏北射阳县合德镇，直至1949年5月，改组为中国人民银行华东区行。

（一）北海银行币

在解放战争期间，北海银行币与华中银行币成为华东解放区主要流行的货币种类。1945年，北海银行进入快速壮大时期，先后在烟台、莱阳、威海等地设立支行，银行的主要工作重点也从农村转向城市。8月29日，山东省政府发出布告：北海银行之前发行的带有“滨海”“鲁中”“鲁南”“胶东”“渤海”等字样的纸币，今后不分区域，可以任意流通。此后，山东解放区内的货币纳入统一管理，打破了原来各地仅用各自地方券的历史。

在1946年至1948年间，北海银行陆续发行了一元、二十五元、五十元、一百元、二百元、五百元、一千元、二千元共八种面值，四十二种版别的纸币。在这些纸币的主景中，不仅包括了丰富的人物形象，还有富含特色的人文建筑，其中1946年一百元券主景就使用了胶东抗日烈士纪念塔的图像。（图九八）该塔位于山东省烟台市胶东革命烈士陵园内，创建于

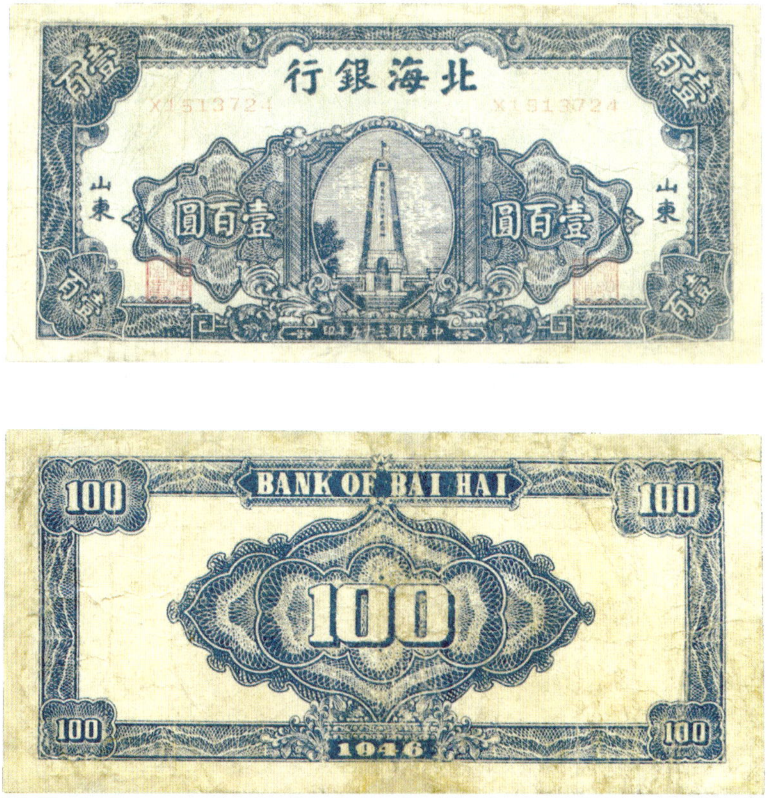

图九八 北海银行一百元券

图九九　北海银行五十元券

1945年，是为纪念抗日战争中牺牲在胶东地区的两万多名烈士而集资修建的，由时任胶东军区司令员许世友主持设计、建造。时至今日，纪念塔依然威严耸立，供世人瞻仰，以纪念那些在抗日战争中逝去的先烈。

1947年五十元券上的图案同样寓意深刻。这张纸币正面呈红色，上端印有行名，下方有发行时间“中华民国三十六年”，中央主图是上海外滩景观。（图九九）从图片上看，外滩耸立的高大建筑依次是：上海海关大楼、交通银行大楼、华俄道胜银行、字林西报大楼、麦加利银行、汇中饭店、华懋饭店。众所周知，自1840年鸦片战争失败后，清政府被迫签订《南京条约》，此后上海便成为向外商开放的通商口岸之一，也就是从那时起，中国就失去了独立的对外贸易主权。西方列强纷纷在上海设立银行，这些外商银行进一步成为列强侵略、控制中国经济的工具。外滩上的华俄道胜银行，由沙俄和法国出资成立，而麦加利银行则属于英国。彼时的上海外滩图景，看似高楼耸立、一片繁华，但背后却痛诉着列强侵略中国的屈辱与辛酸。就目前发现的红色货币实物而言，这是唯一一张将上海外滩景观作为主景而印发的纸币。北海银行首次将外滩景观印在了纸币上，说明当时的共产党人敢于正视历史，并且拥有足够的信心，相信在不久的将来，一定能够驱逐列强，让中国人自己掌握国家经济发展的命脉。时至今日，中国共产党不仅实现了当初的誓言，而且带领中国经济走上了快速发展的道路。

由于北海票币值稳定、购买力强，群众大都乐于使用，很快就成为山东地区市场上最流行的通货。同时，假币的困扰也随之而来。1946年，国民党反动派在天津、济南、沧县一带设立工厂，秘密伪造北海票，并指定土匪、特务和奸商向山东解放区倾销。他们在解放区边缘地带高价收购物资，趁机支出假北海币，还专门组织不良商贩，以售卖土产品为遮掩，在市场上散布假币。当时的假币有多猖狂？据1947年8月8日《渤海日报》刊登的消息，仅一个周村就查获了假币五十八万元，由此可见整个山东地区假币有多泛滥。（图一〇〇）

假币不仅破坏了解放区正常的金融秩序，而且带给百姓沉重的经济损失。1947年初，国民党利用特务和奸商在禹城三区辛店子集市贩卖假币，有位卖布的大娘收了6张200元的假北海票，哭了三夜，大骂蒋介石是害民贼头子，恨之入骨。有鉴于此，山东解放区在银行、公安、工商等多部门的领导下，开展了一场大规模的群众性反假票运动。第一，利用报纸、传

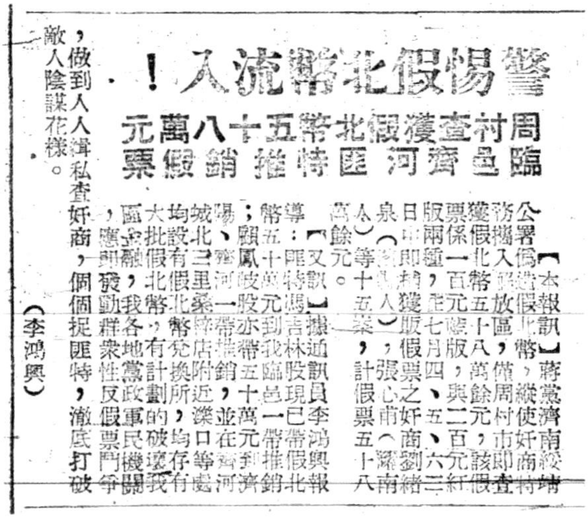

警惕假北幣流入！

周村查獲假北幣五十八萬元

臨邑齊河匪特推銷假票

（李鴻興）

图一〇〇 《渤海日报》刊登假币消息

单、会议、黑板报等媒介对群众开展防范假币的宣传教育；北海银行还印发了假币鉴别手册，提高人民群众辨别假币的能力。第二，加强解放区边缘地带的治安管理，积极查获市场上流通的各类假票。很多县区市场上还设置有假币举报点，群众发现假币，可以快速就近举报。第三，严惩假票贩子，奖励缉查人员。贩卖假票者，依据罪行轻重，最高可以执行枪决。同时，北海银行胶东分行还发出《提高查获伪造北钞奖金的通知》，奖励缉查人员。《通知》规定：凡查获50至100元者，奖20元；查获100至500元者，奖60元；查获500至1000元者，奖100元；以此类推，最高可以奖到300元。如果连同制造机关、人犯、工具一并举报并成功缉拿者，可获奖金一万元。

经山东解放区政府、银行、公安机关和人民群众的共同努力，反假钞工作取得了显著成效。到1948年上半年，市面上的假币基本被肃清，解放区市场逐渐恢复蓬勃发展之势，为此后全国经济统一奠定了良好的基础。

（二）华中银行币

华中银行成立于1945年8月，它是合并了华中地区多地银行、银号组建而成，诸如我们之前提及的盐阜银行、江淮银行、江南银行、淮北地方银号、淮南银行、大江银行、浙东银行等多家机构。新的华中银行先是设立在江苏盱眙张公铺乡，随即又迁移至淮阴城。解放战争爆发后，华中银行曾随新四军转移到山东地区，与北海银行合署办公。1947年11月，华中银行再次迁出山东，返回苏北，在射阳县合德镇复建。

自1945年8月下旬以来，华中银行先后发行了十三种面额的纸币，计有：五角、一元、二元、五元、十元、二十元、五十元、一百元、二百元、五百元、一千元、二千元、五千元，从目前发现的纸币实物来看，约有五十多种不同版别。华中银行印发的纸币呈现出如下特点：首先，印制技术较之前各根据地银行有了明显提升。原来的根据地银行大都采用石印技术，而华中印钞厂则使用了铜凹版、凸印雕刻技术，这种工艺可以呈现出更精巧而复杂的图案。例如1948年二千元券，该券正面为黄底赭色套印，整个票面主景是一幅万里长城图，长城由近及远、蜿蜒曲折，看起来雄伟壮观。由于印刷技术的进步，长城上的每一块墙砖都清晰可见，它让使用者更加真切地感受到：坚不可摧的万里长城是每个中华儿女用血肉筑起来的。在票面左端，有一位战士站立在长城边上，手持军号，正在吹响解放战争胜利的号角，这位战士的面容以及随身携带的装备都表现得十分逼真，体现出较高的艺术价值，是红色货币中难得的珍品。（图一〇一）

图一〇一 华中银行二千元券

其次，华中银行币的主景图案取材丰富、设计精美，同时又富有时代特色。其中既有刻画生产劳作场景的农耕图、插秧图、锯木图，还有对各类交通运输工具的描绘，诸如奔驰的火车、行驶的轮船。同时中华名胜古迹如长城、万寿山、六和塔等亦出现在票面中。特别值得一提的是，还有一张“华中银行”改作券。它原本是江淮银行于1944年发行的五十元券，正面红色，带有毛主席的肖像，后来票面上端的“江淮银行”四字被黑线画去，直接在下面印刷上“华中银行”字样，当然背面的英文行名依然写着“KIANG HWAI BANK OF CHINA”。（图一〇二）我们之前说到，江

图一〇二 华中银行改江淮银行五十元券

淮银行属于华中银行的前身，在归入华中银行之后，原江淮银行还保留有一批未流入市场的新币。为了不浪费，华中银行便在原有的票币上改换行名，这也是红色货币中一种非常有意思的现象。

解放战争时期，华中银行还秘密建立了一条沟通上海与苏北地区的金融、物资通道，被称为“地下通汇线”。1946年春节刚过，华中银行副行长徐雪寒来到上海，与上海金融界的爱国民主人士许振东商谈，希望在华中解放区建立一条从苏北到上海的地下金融、物资运输通道，以打破国民党对解放区的经济封锁，从而也能更好地支援上海、南京的解放工作。许振东早年在沪开设钱庄，是一位爱国、进步的资本家。他当即同意徐行长的建议，随后亲自深入高邮地区，经实地调研，决定在高邮、扬州、镇江、上海各设一个办理汇兑的钱庄，资金由华中银行与上海仁泰钱庄各出一半，由此地下通汇线就正式建立起来。

当时，地下通汇线的主要任务有三：第一，向敌占区及时汇款，特别是数额较大的款项，可以更加及时、隐蔽地送至前线；同时，也可以迅速地从上海采购各类军用物资，以满足解放区的需求。第二，把华中银行收到的各类法币、关金券、金圆券等国民政府发行的虚值货币，及时地通过通汇线排出，降低解放区发生通货膨胀的概率。第三，通汇线还肩负着保护地下工作者生命安全的任务。从表面上看，这条通汇线是几家钱庄金融业务往来的渠道，实际上还成为苏北与上海、南京方面秘密沟通的交通线。在战争年代，地下工作者常常处于危险的境地，因此保护他们的安全也是通汇线的任务之一。解放战争期间，这条金融、物资运输线发挥了巨大的作用，将苏北与上海、南京地区有机地联系在一起，有力地支持了上海解放，为全国解放战争的胜利立下汗马功劳。

第四节　东北解放区货币

自“九一八事变”之后，日本陆续侵占我国东北三省领土，并建立伪满洲中央银行，发行伪满券。此后伪满券逐渐成为东北地区流通最广的货币种类。当时的伪满币是与日元挂钩等值兑换使用的，其实质还是充当了日军掠夺中国人民财富及战略物资的工具。

1945年8月9日，苏联军队出兵中国东北，很快占领了东北全境。根据国民党政府与苏联政府签订的《中苏友好共同对日作战协定》，苏联以红军司令部的名义，发行红军票（图一〇三），其目的是解决驻军各项支出费用，这是一种无准备金的战时军用钞票。国民政府接收东北之后，授权中央银行长春分行于1945年12月21日发行东北九省流通券（图一〇四）。所谓“九省”，是国民政府针对东北地区特殊的经济环境，将东北划分为辽宁省、安东省、辽北省、吉林省、松江省、合江省、黑龙江省、嫩江省和兴安省。同时规定九省流通券与法币的兑换比值为1∶10，并要求东北境内完纳赋税及一切公私款项之收付，必须使用东北九省流通券。

图一〇三　苏联红军票十元券

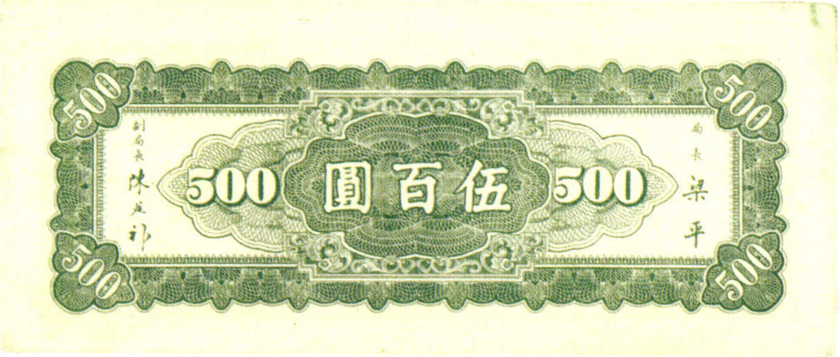

图一〇四 东北九省流通券五百元券

九省流通券发行之初，确实对稳定东北经济起到了一定的作用，但是在流通后期，随着发行数额与面值不断扩大，加速了贬值过程，贬值速度甚至超过了法币，最终沦为导致通货膨胀的大面额虚值货币。抗战胜利后，为了整顿东北地区混乱的金融市场，恢复正常有序的商品交易环境，同时达到发展生产、安定民生的目标，中共中央东北局决定成立东北银行，并揭开了共产党在东北地区发行货币的序幕。

（一）东北银行币

东北银行于1945年10月正式成立，行址位于辽宁省沈阳市，是中国共产党在接收伪满中央银行之后，在其旧址上建立的，同时还一并接管了八家日伪印刷厂的印钞设备。在解放战争初期，由于各解放区处于分散的状态，即便是东北银行成立之后，中国共产党也难以实现对全区金融工作的统一管理。次年3月，东北局召开了第一次财经会议，决定由东北银行负责发行东北地方流通券，主要在东北地区使用，各省及根据地可结合当地实际情况，补充增发十元以下的小票，混合流通。

由于战争形势的变化，东北银行很快就从沈阳迁出。1946年1月，迁至吉林通化，三个月后再次迁到黑龙江佳木斯。尽管如此，东北地方流通券的发行工作却并未停止。依据目前见到的货币实物，地方流通券共发行了六个年度（1945至1950），计十四种面值、二十七种版别。早期的纸币面值较小，没有超过百元的大钞，到了1948年，开始增发一千、五千，甚至一万、五万元的大钞，1949年又发行了一种十万元钞票。

从地方流通券的设计来看，全部票面均为横式，而且票幅呈长条状。以1948年五万元券为例，该币长149毫米，宽60毫米，正面上端行名，中央竖写“伍万圆”三字，左右分列火车、轮船两幅图案，票面两侧标注“地方流通券”，下端为时间“中华民国三十七年”；背面主景图案为东北银行大楼。（图一〇五）由于面额较大，此券发行数量较小。1951年，中国人民银行以人民币1元兑换地方流通券95元的比例，将东北地区发行的地方流通券全部收回。

地方流通券发行之后，东北地区的金融环境并未得到显著改观，主要原因还是市场上存在着多种货币共同流通的混乱局面。如何处理红军票，怎样肃清伪满券和九省流通券，成为当时共产党人面临的艰巨任务。

据苏联政府公布的数据，红军票在中国一共发行了97.25亿元。当

图一〇五 东北银行五万元券

时，国民政府与苏联签订了条约，双方约定：在苏联从锦州撤退后的两个月内，国民政府要悉数收回红军票。但是，国民政府却背弃信义，在苏联撤军之后，开始紧锣密鼓地在东北排兵布阵，抢夺战略要地，企图进一步打击、排挤共产党。至于如何解决红军票，国民政府则完全不顾与苏联政府的约定，不考虑人民群众的根本利益，断然采取极端办法停止红军票的流通与使用。1946年8月1日，国民政府在沈阳、长春等地突然公布了“百元红军票登记收兑办法”，告知民众停止使用红军票百元券，其他券别限期20天内兑换完毕，过期作废。一时间人心惶惶，物价暴涨。据记载当时大量的市民与商贩走上街头，抱头痛哭，谁也没想到自己手中的财富一夜之间等同于废纸！痛不欲生，自寻绝路的人不在少数，东北地区的金融陷入一片混乱之中。

此时，周恩来正在南京与国民政府谈判，收到消息后，立即向国民政府提出要求：取消“百元红军票登记收兑办法”，还东北人民公道。8月7日，东北各省代表联席会议全体代表也发表通电，严厉抗议国民政府这种背弃信义、损害人民利益的做法，然而国民政府却置之不理，没有给予任何正面回复。

为了维护人民群众的根本利益，阻止东北地区金融市场进一步混乱，中国共产党以宽广的胸怀、负责的态度，独自承担了收兑红军票的责任。中国共产党先是委托东北银行等金融部门摸清市面上红军票的使用情况与真实数量（经仔细计算，估计有二三十亿元）。之后，又根据东北解放区的实际经济状况，制定了先登记、后兑换的措施。1949年8月1日，东北银行发布了红军票收兑办法，规定：凡持有红军票者，均可到各地东北银行登记鉴别真假，经鉴别为真币者即可存入银行，待兑换比例公布后，可以实行兑换。

消息一公布，在人民群众中引起了强烈反响，大家纷纷赞扬“人民政府是真正关怀人民的政府”。此后，东北银行总行及各地分行，每日门庭若市、人头攒动，群众陆续手持红军票，参与到登记、鉴定、兑换的工作中来。12月7日，东北人民政府颁布公告，红军票与东北银行币的兑换比例为1∶30，并将兑换日期延迟到数月之后。如此一来，中国共产党在1950年上半年，圆满完成了红军票的兑换任务，此举不仅稳定了东北地区的金融发展形势，而且赢得了东北人民的拥护。

我们再来看伪满券。之前讲到，伪满券是日本侵占我国东三省时发行的一种纸币，是日本帝国主义攫取东北人民群众财富的工具。这种货币本应随着日本的投降而全部废除，但共产党考虑到当时已有大量伪满券落入群众之手，如果断然宣布停用，遭受损失的还是人民。于是，东北人民政府提出了一个巧妙的解决方案：在部分解放区（如合江、黑龙江、嫩江）降低伪满券的币值，规定以面值的七折或八折使用，从而促使伪满券流向国民党占领区。这个办法取得了很好的效果。1947年1月，东北行政委员会公布："为照顾人民利益计，曾分别设法减少伪满币之流通，一年以来颇著成效，目前我解放区内伪满币已近绝迹，停用伪满币，人民已无损失，特明令公布伪满币百元券、拾元券、伍元券，自一月十五日起一律停用。"

由于国民政府发行的九省流通券不断贬值，严重威胁到了人民群众的根本利益，因此中国共产党采取了驱逐政策。原有的解放区，一律禁止使用九省流通券，新解放的地区需限时将九省流通券兑换成东北银行币或者其他解放区纸币，同时严防国民党反动派将大面额九省流通券带回解放区，以免损害群众利益。经过一系列的整顿工作，中国共产党妥善处理了东北地区市场多种货币并存的混乱状态，极大地稳定了金融市场，为统一全国经济奠定了坚实的基础。

（二）嫩江省银行币

1946年4月，齐齐哈尔解放，原嫩南行署划归嫩江省，齐齐哈尔成为嫩江省的省会。嫩南行署曾在吉林洮南成立过东北银行吉江分行，后来吉江分行迁至齐齐哈尔南大街，这便是嫩江省银行的前身。6月1日，嫩江省银行正式成立，曹根全任行长，下设嫩江、讷河、肇东三个办事处，一个造币厂。

嫩江省银行币始发于1946年。按照东北第一次财经会议的要求：东北全境以东北流通券为主币，各省可以发行十元以下的小面额纸币，在本省范围内流通使用。但是，嫩江省银行币发行的时候，伪满券和红军票还未开始统一收兑，而且市面流通的伪满券与红军票以大额币为多。为了减少人民群众的经济损失，同时也避免嫩江币与伪满券、红军票面值不对称的问题，经组织同意，嫩江省银行也发行了五十元、一百元面值的纸币。从目前见到的实物来看，嫩江省银行币主要有五元券一种（图一〇六）、十元券三种、五十元券两种、一百元券两种，共计四类面额、八种版别。

图一〇六 嫩江省银行五元券

起初，嫩江币在印制过程中使用了相对落后的石印技术，加上印钞纸的质量粗糙，造成纸币图案不清晰，而且防伪程度较低。为此，东北局决定将辽西造币厂迁至齐齐哈尔，将相对先进的设备与技术带给嫩江省银行造币厂，两厂结合，以提升嫩江币的印刷质量。正当一切工作准备就绪时，国民党军队又逼近齐齐哈尔，组织决定迅速将新的设备和材料迁至嫩江县。几天后，在原来嫩江县伪满兴农合作社的位置上，新合并的嫩江造币厂悄悄开工了。为了保密，造币厂对外称东北西方印刷厂，主要从事书籍印刷，实际上印钞工人每天工作16小时，甚至不分昼夜地赶制嫩江币，以满足市场的需要。

据统计，截至1947年2月，嫩江币一共发行了67153.64万元。其中，占总量55%的货币被直接用于支援解放战争，还有17%用于增强军队补给和巩固地方政权，另有12%用于发展生产、保障民生，剩下的16%为银行周转资金。嫩江币的发行，有力地支援了解放战争，同时还对嫩江地区的经济稳定起到了重要作用。

嫩江省银行币的正面主景颇具特色，其内容大都反映东北解放区人民的战斗、生活情景。例如：五元券的主景是战士使用机关枪射击的图案，五十元券则表现出兵、农、工、学踊跃参加战斗的情景。一百元券的设计非常美观，正面蓝色，上端有“嫩江省银行”的行名，中央为“壹百圆”的面值，左侧描绘了两名战士急行军的场景。由于印刷技术的提升，两名战士的五官与装备都表现得十分饱满，他们脸上充满自信，也预示着解放战争的胜利必将快速到来。这张纸币的背面主景为嫩江省银行大楼。（图一〇七）1948年5月，嫩江省银行币停止流通，由东北银行负责兑换与回收的工作。

图一〇七 嫩江省银行一百元券

（三）关东银行币

抗战胜利前夕，苏联曾出兵中国东北，解放了包括大连在内的东北大部分区域。依据《雅尔塔协定》《中苏友好同盟条约》的规定，大连随即成为苏联的军管区。1945年11月8日，大连民主政府成立，并在苏联的帮助下开始接管日本横滨正金银行、伪满洲中央银行、朝鲜银行等十六家日伪银行，在此基础上组建了大连中国工业银行、大连中国商业银行、大连中国农业银行三家临时地方性银行。1946年7月，上述三家银行合并成大连银行。

1947年4月20日，大连银行更名为关东银行，由关东公署领导，陈济生任行长，李占春为副行长，下设西岗、大连、旅顺、金县四家支行。由于大连属于苏联军管区，市场上流通的主要货币是红军票，此时红军票亦面临着快速贬值的情况。1947年上半年，最大面额的红军票一百元只能购买半斤玉米。如何解决红军票的使用问题，关东银行给出了一个不一样的答案，这就是“面值签”制度。

所谓“面值签”，就是使用规格不等的小标签贴在面值不等的红军票上，如果是十元的红军票则贴上十元的标签，一百元的红军票则贴上一百元的标签（图一〇八）。在关东银行负责的区域内，每个人都享有3000元的贴签额度，15岁以下的小孩额度是1000元。如果超出额度，那么手中剩余的红军票则无法贴上面值签，无面值签的红军票无法流通使用，只能送银行登记。面值签的数量是经过关东银行仔细计算过的，如此一来，市面上就会有一大批红军票无法贴签，也就被排除在市场流通之外，从而有效地解决了货币总量过多的难题，同时也降低了物价，稳定了市场秩序。贴上标签的红军票一直使用到1948年11月，然后被新发行的关东银行币以1∶1的比例收兑完成。

新的关东银行币发行于1948年，主要有一元、五元、十元、五十元、一百元共五种面额。这五种钞票印制精美，彼此之间使用了鲜明的色差进行区别，正反面的主景图案保持一致。正面取材吉林长白山自然风光，背面则为一艘远洋航行的

图一〇八 贴签苏联红军票一百元券

邮轮，据说这是为了突出大连港口城市特征。特别值得指出的是，关东银行币还使用了水印技术。以五十元券（图一〇九）为例，这张纸币右边多出了一部分白边，这个白边区域内就有“关东银行”四字水印，明显提高了关东币的防伪水准。

关东银行币发行之后，对市场经济稳定起到了较显著的作用。由于币值稳定、发行量适中，到1948年底，全区的物价下降了30%左右，群众

图一〇九 关东银行五十元券

的生活水平得到了显著改观。1948年11月2日，东北解放。为了便利东北全区内的经济交流，经中央人民政务院批准，东北银行继续发行东北银行币，并在全东北地区流通。关东银行改称东北银行旅大分行，关东银行币以270：1的比例兑换东北银行币。至此，关东银行及其发行的纸币正式退出历史舞台。

第五节 内蒙古解放区货币

“九一八事变”之后，日本帝国主义在内蒙古的大部分地区实行殖民统治，特别是蒙东地区，被划为“伪满洲国”的势力范围，内蒙古人民陷入水深火热之中。1945年8月15日，中国人民取得了抗日战争的伟大胜利，日本帝国主义在内蒙古的血腥统治宣告结束，蒙东人民强烈要求建立人民自己的政府，恢复蒙东地区正常的经济环境。1946年1月，东蒙古人民自治政府成立。同年5月，改为兴安省政府。1947年5月1日，内蒙古自治政府宣告成立，原兴安省所辖盟旗并入。1949年12月2日，中央人民政府决定：内蒙古自治政府改称内蒙古自治区人民政府。

由于长期受到日本帝国主义的掠夺与压榨，内蒙古东部地区面临着生产凋敝、市场萧条、金融混乱、物价飞涨的局面。伪满币成为蒙东市场上最为流行的货币种类。此外，由于地理位置特殊等原因，朝鲜币、外蒙币、苏联卢布、苏联红军票、国民党东北九省流通券等各类货币混杂在一起，充斥市场，造成了极大的混乱。

1946年3月，东蒙银行建立，发行了流通券，初步肃清了伪满币和其他杂钞。1947年5月，东蒙银行改组为内蒙银行。1948年6月，内蒙古自治政府在内蒙银行的基础上，组建了内蒙古人民银行，同时发行内蒙古人民银行币，又称新蒙币，并将之前东蒙银行、内蒙银行等各类银行发行的纸币按照固定比例进行收兑。1951年3月，中央人民政府政务院决定：中国人民银行以人民币一元兑换新蒙币九元五角，对内蒙古地区所有的新蒙币进行兑换。至此，内蒙古自治区的货币完成了统一。

（一）东蒙银行币

东蒙银行是内蒙古东部解放区人民自己建立的银行，《东蒙古人民自治政府施政纲领》规定：东蒙银行成立后，要立即着手发行货币，全力解决地方财政问题，支持革命战争，巩固解放区政权。1946年3月1日，东蒙银行在东蒙流通券印刷厂的基础上成立。

东蒙流通券印刷厂组建于1945年9月1日。当时共产党在接收伪满洲中央银行兴安支店的同时，收缴了两台石印机以及若干间厂房与其他印钞设备，就此组建了东蒙流通券印刷厂。负责人杨荫桂聘请了两位印刷师傅，加上原来伪满洲银行的留用人员，于同年底开始印刷“兴安总省政府暂行流通券”（图一一〇）。

图一一〇 兴安总省政府暂行流通券

“兴安总省政府暂行流通券”的流通时间并不长，很快便被东蒙银行币所代替。东蒙银行隶属政府财政经济部，是党和政府领导下从事金融工作的专门机构。银行成立后，杨荫桂任行长，负责东蒙银行币的印制与发行工作。

1946年3月15日，东蒙古人民自治政府暂行流通券开始发行，当时人们称为“东蒙币”，目前仅见到五十元与一百元两种券别。以一百元券为例，正面黄底绿色，上端行名“东蒙银行”，中央主图为奔驰的列车，

图一一一　东蒙银行一百元券

主图两边为面值，并标明“东蒙各旗县”“公私款通用”的字样，下端为发行时间“中华民国三十五年印”。背面红棕色，中央为房屋、工厂图，据说为东蒙银行印刷厂，其余文字均系蒙文，文字意义与正面相同。（图一一一）

从1946年3月至1947年3月，东蒙银行共发行货币7.3亿元，为规范东蒙地区的金融市场，统一币值，巩固解放区政权起到了重要作用。东蒙银行作为中国共产党领导下成立的第一个民族区域自治地方的金融机构，拉开了内蒙古红色金融的序幕。

（二）内蒙银行币

1947年4月23日，在乌兰浩特召开了内蒙古人民代表大会，会议决定成立内蒙古自治政府，并在中国共产党的领导下开展各项工作。5月1日，自治政府宣布成立，随后东蒙银行改组为内蒙银行，行长由内蒙古自治政府财政经济部副部长胡子寿兼任，下设五个办事处、一个印刷厂。

内蒙银行发行的纸币叫作“内蒙各旗县公私款通用流通券”，有一百元、二百元、五百元三种面值。流通券使用石印技术印刷，票面图案比较简单。以1947年二百元券为例，该券正面蓝绿色，上端书写行名“内蒙银行”四字，中央为面值“贰百圆”及数字“200”，两侧标注“内蒙各旗县”“公私款通用”字样，下端为发行时间；背面呈红色，右侧为内蒙银行大楼图案，文字为蒙文，文字意义与正面相同。（图一一二）从1947年5月至1948年5月，内蒙银行共发行货币548.81万元。

图一一二　内蒙银行二百元券

（三）内蒙古人民银行币

1948年6月1日，内蒙古人民自治政府颁布了《关于币制改革改组内蒙银行布告》：“随着战局胜利形势的发展，土地改革基本完成，我自治区生产已转入高潮，城乡经济俱呈现一种新的气象。兹为扶助生产，发展工商业牧业，调整各地资金周转，建立健全金融机构，整顿过去筹码，改进发行，充实银业起见，经本府委员会会议决定，特将内蒙银行停止业务，重新组织内蒙（古）人民银行，发行新货币，并令自本年六月一日起，开始进行新的业务。”新行长仍由胡子寿兼任，内部结构调整为业务处、秘书处和一个印刷厂，下设海拉尔分行、扎兰屯支行、扎赉特旗支行、突泉支行四个分支机构。

内蒙古人民银行成立后，新蒙币开始发行。新蒙币有二百元、五百元、二千元、一万元、五万元共五种面额。由于印制设备的更新，新蒙币主要使用了胶版印刷，呈现出色泽鲜艳、图案细致逼真等特点。这次发行的五种纸币，均呈横式长条状，蒙古族画家奈洛囊承担了设计工作，他以放牧为主题，设计了新蒙币上的主景图案，旨在反映内蒙古人民欣欣向荣的生活状态。

新蒙币仍然采用了汉蒙双文书写，因为当地有不少群众只认得蒙文，为了方便他们使用，新蒙币将行名、面值、流通范围等重要信息使用蒙文标注。以二千元券为例，该券呈长条状，票幅156mm × 53mm。正面淡紫色，上端行名使用了汉蒙双文，左侧为放牧图，牧民悠闲地骑着马，不远处还有几座错落有致的蒙古包，下端为时间“中华民国三十七年印”。背面枣红色，主图描绘了一位蒙古族姑娘在运输牛奶，她的身后就是一个蒙古包，蒙古包前面还站有人，像是刚把新鲜的牛奶交给这位姑娘，场景十分生动。票面左右两侧蒙文的意思是“内蒙旗县”“公私通用”，说明新蒙币的流通范围是比较广泛的，它可以在整个内蒙古地区使用。（图一一三）

内蒙古人民银行在发行新币的同时，也开始了旧币的收兑工作。金融部门在正式收兑之前，对市场上剩余的旧币进行了详细的摸排，制定了合理的兑换比率：内蒙古银行发行的货币按照票面额的八折兑换新蒙币，其他如东蒙银行币等旧币一律

图一一三　内蒙古人民银行二千元券

按照票面额五折兑换。兑换工作自1948年6月1日开始，到1949年5月基本结束。据统计，此次收兑工作比较顺利，共回收了各种旧币计59亿3406万2000元，这个数量约占市场旧币的97%。

值得一提的是，新蒙币的币值比较稳定，由于特殊的地理与自然原因，新蒙币的发行不以黄金、外汇作为准备金，它主要依靠当地群众手中所掌握的粮食、棉花、布匹、牛奶等物资。这样一来，新蒙币的发行便很少受外界因素的影响，它将各类物资所反映出的物价作为标准，尽量把货币发行数量控制在一个比较合理的范围，因此使得新蒙币的购买力比较稳定。物价平稳对于保障民众的生产、生活具有重要意义。有关资料显示：时为自治区首府的乌兰浩特市，1949年5月的平均物价（主要统计面粉、细布、米、油、食盐等）仅比1946年年底上涨418倍；而同时期在国民党统治区的归绥市（今呼和浩特）同样商品却上涨了13亿倍！由此可见，新蒙币对于内蒙古地区的经济稳定起到了重要作用。

1949年10月1日，中华人民共和国成立，党中央为了使内蒙古自治政府和东北地区尽快恢复经济发展、免受区外物价波动影响，于是决定继续保持新蒙币的流通，直至1951年3月，人民币才开始逐步收兑新蒙币。

金融往事：法币的贬值有多惊人？

南京国民政府于1935年11月开始发行法币，发行机构由四家金融部门构成，即中央银行、中国银行、交通银行、中国农民银行。法币发行初期，对于防止白银外流、稳定金融市场、促使物价回升、刺激生产复苏起到了一定作用。抗日战争爆发之后，国民党采取通货膨胀的政策，法币的发行量开始急剧增多。1937年，法币的发行总额为14亿元，1945年，这个数字变成了5千亿元，1947年增至16万亿元，1948年则达到惊人的660万亿元！当时有人讽刺说："在国民党统治晚期，在全国工业领域中唯一还在运转的机器就是印钞机。"

国民党不顾人民生活困苦，一次又一次地突破货币发行数量的极限，带来的社会负面影响是巨大的，物价暴涨便是首要的问题。当时，在上海曾出现了一天之内米价上涨16次的记录，很多民众发现头天晚上还能买一担米的钱，睡一觉醒来就只能买一捧米了！有人进饭店要了碗两万元的米饭，结账时就涨到了两万五千元。在浙江丽水地区，每逢冬季，群众有使用纸糊窗户的习惯，但是他们发现纸的价格居然比法币面额还高，于是他们便直接使用法币糊窗户，这样还能省一些钱。曾经有人统计过100元法币的购买力：1937年可以买两头牛，1945年可以买两个鸡蛋，1946年就只剩下六分之一块肥皂了，1947年可以买一个煤球，1948年可以买五分之一两大米，解放前夕，这张面值为100元的法币仅能买到五十万分之一两大米。

第六节　中原解放区货币

1947年6至8月，依据党中央的战略部署，刘伯承、邓小平率领晋冀鲁豫野战军强渡黄河天堑，千里跃进大别山，犹如一把利剑直插国民党统治的核心区，这一壮举成为解放战争由战略防御到战略进攻的转折点。此后，刘、邓大军陆续重建、开辟了豫鄂、皖西、桐柏、江汉等解放区。8月，陈赓、谢富治带领太岳兵团挺进豫西区，创建了豫西、陕南解放区。9月，陈毅、粟裕率领的华东野战军进入苏鲁豫皖一带，巩固扩大了豫皖苏解放区。随着新的解放区不断开辟，老解放区则在原有的基础上继续扩大，在此基础上正式形成了一个地域宽广，并拥有4500万人口的中原解放区。

中原解放区形成之后，在经济方面还面临着两个难题：第一，民生难题。战争导致了生产瘫痪、交通阻隔，正常的社会秩序被打乱，甚至有时民众连基本的生活物品都无法获取。加之国民党发行的法币长期充斥市场，中原解放区覆盖的地域早已形成物价飞涨、市场混乱的状态，民生问题亟须解决。第二，军需难题。中原解放区地域宽广，几十万人民解放军在不断夺取军事胜利的同时，必定需要强有力的经济支持。于是，1948年1月25日，中原局和中原野战军作出了发行中州农民银行钞票的决定，同年8月，中州农民银行正式成立。

（一）中州农民银行币

中州农民银行属于解放区中建立相对较晚的银行，而且并不是一开始就有总行，它是先成立支行，在几家支行日益发展的基础上才建立起的总行。1948年初，为了使中原各解放区更好地独立开展工作，经组织同意，各解放区可以先行成立支行，负责本区域的金融建设工作。1月11日，桐柏一专署第一中心支行在湖北枣阳成立；2月，息县支行成立；5月，安徽界首支行成立；6月，豫西区行成立。在各地支行纷纷建立的基础上，8月23日，中州农民银行总行在河南省宝丰县商酒务乡赵官营村正式成立，陈希愈任总经理。此后，总行先后迁至禹县、郑州，1949年5月又迁至武汉。总行成立以后，各地建立支行的步伐并未停止，到1948年底，中州农民银行共有县级以上机构116个。

中州农民银行币发行于1948年5月，刚开始新币由冀南银行第三印刷厂代为印制。在目前发现的中州币实物中，有二十元（图一一四）、五十元、一百元三种面额的纸钞标注了“中华民国三十五年”，也就是1946年，当时中州农民银行还未成立，更别提印制纸钞了，这是怎么一回事呢？根据相关研究：这三种纸钞很有可能属于冀南银行代印的，当时冀南银行来不及制作新的钞版，就沿用了原有的钞版并将钞版上的行名更换掉，但是时间却未更换，所以出现了标注时间早于实际成立时间的情况。

除了由冀南银行代印的1946年版纸钞之外，中州币的主要发行时间为1948与1949年。其中，1948年发行了二元、五元、

图一一四 中州农民银行二十元券

十元、二十元、五十元、一百元（图一一五）、二百元共七种面额，1949年仅有十元券一种。中州币的票面设计并不复杂，正面除了行名、面值、日期等基本元素之外，主景大都为建筑或是耕作图，背面信息与正面保持一致，它们都是由中原解放区的印钞厂印制而成。

中州币的发行与流通主要经历了三个阶段：第一阶段从1948年6月至9月，这一阶段是中州币初始发行期，为了保障新币的顺利流通，中原局专门拨款15万银元作为中州币的兑换准备金，中州币在市场上可以按照

图一一五　中州农民银行一百元券

200：1的比率兑换银元使用。如此一来，中州币的发行信誉有了保障，群众积极接受，乐于使用，新币很快就在中原区域广泛流通开来。第二阶段从1948年10月至次年3月，在这一阶段，中州币在市场上的使用比重不断扩大，仅在1948年10月底就占到了市场货币的67%，法币与其他杂钞被迅速地挤出流通领域。有鉴于此，中州农民银行宣布中州币作为中原解放区的主币，不再兑换银元，群众可以放心使用。第三阶段从1949年3月至同年底。1949年1月，随着淮海战役的胜利，中原、华北、华东三个大规模的解放区开始连成一片，中央为了紧密联系各解放区经济发展，决定自3月10日起停止发行中州币，统一改用人民币。但考虑到中原区的群众刚熟悉中州币，故允许中州币与人民币共同流通，中州币开始进入“只收不付”的阶段，民众可以按照3：1的比率，将手中的中州币兑换成人民币使用。

中州币因发行数量适中，面值设置合理，市场信誉良好，不仅解决了解放军的军需问题，而且成为稳定中原解放区市场经济的重要手段之一。今天，在安徽省档案馆还珍藏了一份当年中州币的宣传资料，这份资料名为《呱呱叫的中州票》，内容如下：中州票，呱呱叫，卖东西，抢着要。想兑换，随你便，各地银行都照办。锁在箱，放在柜，保险不会吃啥亏。如果愿意办存款，到时分文也不短。到时分文也不短。

（二）中原解放区各县地方流通券

如前所述，中州农民银行币正式发行于1948年5月，随着新币的快速推行，市场上也出现了一些问题，小面额纸币较为缺乏就是其中之一。为了解决该问题，中原局于1948年8月指示所属各区，在以中州币作为主币使用的同时，允许各区支行印制、发行小面额的地方流通券，作为中州币的辅币在市场上流通使用。

依据目前见到的实物，我们可以了解到当时豫西、桐柏、陕南、皖西、江汉等区都先后发行了地方流通券。其中以豫西地区的种类为最多，主要有：襄城县流通券、宝丰县流通券、禹县流通券、鲁山商业流通券、方城县流通券、郏县流通券、洛阳流通券、郑州流通券多种。这些流通券属于临时发行的地方纸钞，颇具时代特色，有的设计还挺别致，兹举两例：

其一，宝丰县流通券。宝丰县位于河南省中西部地区，这里是中州农民银行总行最早成立的地方。流通券呈竖式设计，正面上端印有“宝丰县流通券”六字，中央为一幅农民耕牛图，下面是面值“贰圆”与日期“中华民国三十七年”。背面主要由一粗线条的花框构成，花框内印有说明文字四条：1. 本券为解决市场找零困难而发；2. 本券有全县财政收入作基金；3. 本券和中州票通用；4. 本券限六个月后用中州票兑回。（图一一六）

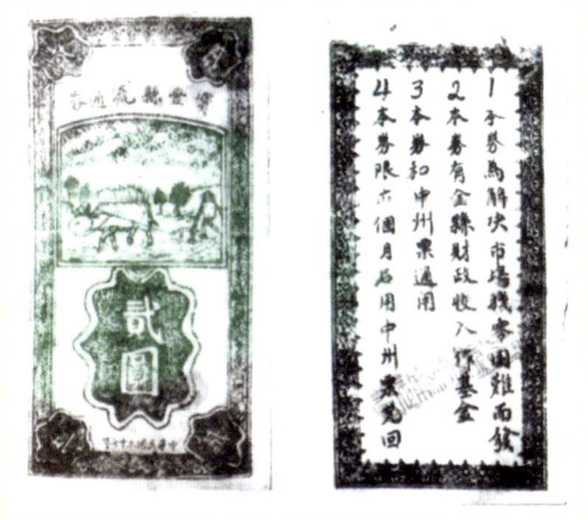

图一一六　宝丰县流通券

从宝丰县流通券背面的文字可以推知：中州币在发行后，市场确实存在找零困难的问题，而地方流通券的发行正是为了解决这一问题而出现。但是，地方流通券的流通时间是有限的，它的流通期限是六个月，也就是说，半年过后，随着市场找零问题解决，该券便可退出流通领域，这也说明它的性质是一种临时流通券。此外，地方流通券与中州币是按照1：1比率兑换使用的，而且它有着充足的准备金，群众可以放心使用。

其二，皖西工商管理局流通券。皖西解放区主要包括安徽西部的金寨、霍山、六安、庐江、舒城、桐城、潜山、寿山等区域，它是1947年6

图一一七 皖西流通券二角五分券

月刘邓大军千里跃进大别山之后所开辟的一块解放区。由于皖西根据地距离中州农民银行总行位置较远，在未领到中州币之前，为了进一步活跃该区域的金融环境，中共皖西区委决定由工商管理总局代为发行“皖西流通券”。

从目前发现的实物来看，皖西流通券共有五分、一角、二角、二角五分、五角五种面额的纸币，这几种纸币均为小面额钞票，有效地解决了市场辅币不足的现状。其中，二角五分券正面为蓝色，“皖西流通券”五字位于票面左上方，下面为面值，右边主图为一座凉亭。背面橘红色，上端印有“工商总局”四字，左右有“公私款项”“一律通用”字样，下端有局长刘征田的签名。（图一一七）

皖西流通券印制于1948年秋，1949年1月1日起开始在全区范围内流通。3月，人民币开始发行，皖西流通券遂逐渐被回收，退出流通领域。

第七节　华南解放区货币

1947年9月，宋子文被国民政府任命为广东省政府委员兼主席。在主政广东省期间，他苦心经营保安队、警察队，在全省范围内实施“绥靖新策略”，向解放区发动疯狂进攻，并对中共游击队执行“全面扫荡”政策。在这样的背景下，中共广东区委、中共中央香港分局、中共中央华南分局开始发动群众，积极组织地方武装，反抗国民党的政治迫害。截至1949年初，华南地区先后组建了中国人民解放军粤赣湘、闽粤赣、桂滇黔、粤桂边、粤中和琼崖纵队司令部，由此形成了相应的六块解放区，它们合称为华南解放区。

华南解放区成立的第一家银行是裕民银行，设立于1948年底，隶属闽粤赣边区财经委员会，同时也接受潮汕地委的领导。1949年春，经江南地委与粤赣湘边区党委批准，新陆银行在广东省陆丰县成立。同年7月8日，经党中央批准同意，南方人民银行正式建立，南方人民银行发行的货币也被定为华南解放区的本位币。

在南方人民银行币成为本位币的同时，中共中央华南分局考虑到华南根据地活动区域相对分散这一特点，故允许各根据地在本区域自行印制流通券，这些流通券后来被南方人民银行统一回收。1949年年底，南方人民银行改组为中国人民银行华南区分行，新的人民币也逐渐代替了南方人民银行币。

（一）裕民、新陆银行币

裕民银行于1949年2月开始发行纸币，计有一角、二角（图一一八）、五角、一元、五元、十元共六种面额，它的主要流通范围集中在大北山、大南山、揭阳、潮安、潮阳、丰顺、普宁等地区。从目前发现的实物看，裕民银行发行的钞票主要有两种类型：一种行名为裕民银行，另一种行名为裕民行。这两种纸币都是使用石印技术，正背面图案描绘的多是民众生产、生活内容，票面上通常带有经理刘化南、副经理黄润泽两位的签章。

裕民银行币在当地颇受欢迎，仅在三个月的时间里，就发行了81万8000元，取得了较好的市场信誉。裕民银行的成立引起了国民党的注意，于是他们制造了大量伪币，通过不法分子携带等手段投入解放区市场，借此破坏裕民币的声誉，扰乱根据地金融秩序。8月初，解放区政府发布通

图一一八 裕民银行二角券

告，在严厉打击走私、贩卖假币的同时，在每个市场上设立货币验明点，帮助使用者核验钞票真伪，并向群众介绍伪币的特点。此后，为了进一步提升裕民币的防伪技术，辅币印刷任务交由南方人民银行承担，群众手中的大面额主币按限期兑换成辅币，最大程度减少人民的损失。如此一来，裕民银行经过不断努力，最终取得了反假币斗争的胜利，保障了裕民币在根据地经济建设中发挥更大的作用。

新陆银行建立于1949年春，它发行的纸币与裕民银行相似，行名称“新陆行”，而不是“新陆银行”。目前见到的新陆币有一角、二角、五角、一元、二元、五元共六种面值，主要流通于东江解放区。新陆币与裕民币在市场上同等价值流通，可以1：1进行自由兑换。1949年7月，南方人民银行成立，新陆币、裕民币开始由南方人民银行兑换回收。

（二）闽粤赣军民合作社流通券

在华南解放区，各根据地还独立发行了种类不同的流通券，如粤赣湘边人民流通券、九连地区信用流通券、海丰民主政府临时流通券、闽粤赣军民合作社流通券、琼崖临时人民政府光银代用券等，其中闽粤赣军民合作社流通券属于比较特殊的一类。

1949年初，中国人民解放军闽粤赣纵队在广东省大埔县成立，次月便组建了边区财经委员会。当时，该地区的商品交易秩序混乱，市场上流通的货币既有国民党发行的“金圆券”，又有各类银元、铜币，但是随着金圆券不断贬值，假银元又充斥市场，民众索性抛弃各类货币，直接使用大米充当硬通货，在市场计价交易。为了整顿市场金融，同时降低由金圆券贬值而给民众造成的损失，财经委员会决定成立军民合作社，发行流通券。

军民合作社有大埔和闽西两个分社，大埔县的民主印刷厂承担了合作社流通券的印刷工作。当时，为了摆脱金圆券的影响，合作社决定自行设计货币样式，以提高市场辨识度。所有钞票均采用了木刻版印刷，使得票面上的图案和文字别具一格，图案均反映出军民互相帮助的主题，体现了军民关系犹如鱼水情深。以五分券为例，该券单面印刷，大红色，左侧图中农民正在给军人指路，右侧图中军民二人的手则紧紧地握在了一起。（图一一九）一元券同样也是单面印刷，呈浅蓝色，左侧圆框里的图案描绘的是军民协作一起推车的场景。（图一二〇）这样的设计，无形中加深了军队与民众之间的感情，使流通券在发行后快速受到市场使用者的喜爱。

军民合作社流通券是以银元作为本位币发行的，换而言之，它不仅直接与银元挂钩，而且可以按照固定的比值兑换成银元，这对于稳定币值有着十分重要的作用。1949年10月，闽西地委规定，凡是加盖“闽西”字样的流通券，每十

图一一九 军民合作社流通券五分券

图一二〇 军民合作社流通券一元券

元可以折合一元银币，每一元闽西券又可兑换二百元人民币。1950年1月16日，军民合作社流通券停止流通，由当地中国人民银行支行负责收兑。

（三）南方人民银行币

1949年初，随着三大战役的结束，全国解放区的总面积不断扩大，中国革命即将迎来最终胜利。在这样的背景下，为了支持华南地区的解放战争，经中共华南分局请示党中央同意，决定正式筹建南方人民银行。

1949年7月8日，南方人民银行在广东潮汕解放区揭西县揭牌，蔡馥生任总经理，印钞厂设在揭西县河婆镇。由于当时印钞设备比较落后，蔡馥生担心新币发行后容易被敌人仿制，便决定主币由香港印刷厂代为印制，但印制的并不是成品，需要在秘密运达解放区后加盖行名、面值、时间和编号等内容，方能进入流通领域。

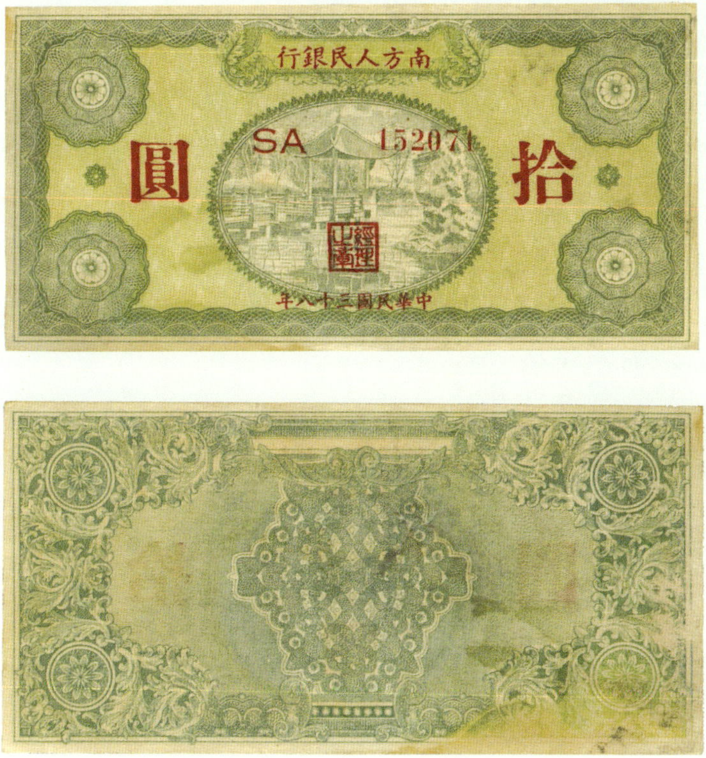

图一二一　南方人民银行十元券

目前见到的这类纸币有一元券、五元券、十元券三种。以十元券为例，该券正面行名“南方人民银行”，面值“拾圆”，日期“中华民国三十八年”以及编号、“经理之章”都是使用红色印章后期加盖上去的，底板花纹与主景则是先前就印制好的。从该券正背面的底纹来看，刻画十分精细，特别是背面，全部为花纹设计，没有一个文字与符号，因而显著地提升了防伪效果。（图一二一）

南方人民银行辅币券则在河婆镇本地印制而成，有一角、二角、五角三种面值，其中一角、二角券（图一二二）为单面印刷，五角券为双面绿色印刷。五角券的正面设计又与二角券完全相同。南方人民银行币发行后成为华南解放区的本位币，同时其他各分区的流通券不再继续发行，各地可根据实际情况将流通券兑换成南方人民银行币。1949年年底，南方人民银行改组为中国人民银行华南区分行，人民币以250元兑换南方人民银行币1元的比例进行收兑，到1950年6月15日，南方人民银行币最终完成兑换任务，退出了流通领域。

图一二二 南方人民银行二角券

第八节　中国人民银行币

1947年3月25日，华北财经会议在邯郸武安县冶陶镇召开，这是中国共产党建党以来由中央召开的第一次全国性的财经工作会议。会议历时两个月，不仅总结了过去各解放区财经工作的经验，而且根据当前解放战争的新形势确定了今后财经工作的方针。会议认为：随着全国解放区的范围不断扩大，特别是华北、西北、华东解放区之间的货币政策不统一，兑换比价不固定，给各区域间的物资交流、商贸往来、行军作战等带来诸多不便。接下来，逐步统一各解放区的货币政策将成为全国财经工作的重点。

1947年6月，解放战争进入战略反攻阶段。7月，中共中央发出了《关于成立华北财经办事处及任董必武为主任的决定》，同时任命南汉宸、薛暮桥、杨立三为副主任，并责成他们着手筹建全国统一的国家银行。8月1日，董必武拟定了《华北财办组织章程》，其中第五项任务是筹建中央财政及银行。在这样的背景下，中国人民银行的成立既是时代的需要，又是历史的必然。

（一）中国人民银行的诞生

在中国人民银行成立之前，关于它的名称，曾有过不同意见的讨论。

1947年9月14日，华东局的张鼎丞、邓子恢曾致电董必武，建议成立解放区统一银行，行名可以称为“联合银行”，或是“全国解放银行”。在晋察冀边区银行工作的何松亭则给新银行取名为“中国人民银行”。董必武考虑再三，他认为新银行不是简单地合并、联合几家旧银行，同时也要着眼未来，等解放战争结束后，它很有可能是新中国的国家银行，因此定名为“中国人民银行”较妥当。

1947年12月2日，董必武致电中央，建议成立全国统一银行，行名为“中国人民银行”。他还在电报中特别提醒：希望中央能尽早确定行名，方便印钞时使用。电报很快呈送到毛泽东、周恩来手里。毛泽东指出：现在就成立全国统一的银行为时尚早了些，可以先行准备，名称可以定为“中国人民银行”。

董必武接到复电后，立即联系了南汉宸等人，商议筹备工作。12月下旬，中国人民银行筹备处在河北省平山县西柏坡夹峪村正式成立，南汉宸任筹备处主任，并抽调晋察冀边区银行的副经理何松亭、发行科长石雷参加筹备工作；后又陆续调来了武子文、秦炎、孙及民、王厚溥、武博山；1948年2月，又从北海银行调来了赵善普。

1948年3月25日，华北金融贸易会议在石家庄召开，五大解放区代表参加了此次会议，会议中讨论了中国人民银行成立和发行统一货币等问题。此次会议最终通过了中国人民银行筹备处起草的《中国人民银行组织纲要草案》，为中国人民银行的建立进一步夯实了基础。4月，中央决定将晋察冀边区银行和冀南银行搬到石家庄办公，具体位置是中华北街11号，办公楼是中共石家庄市执行委员会所在地，又称“小灰楼”（图一二三）。为了支持中国人民银行的筹备工作，中共石家庄市委把这栋在当时条件最好的楼房让了出来。

图一二三　“小灰楼”旧址

5月，晋察冀边区银行和冀南银行合并为华北银行，此后又将北海银行、西北农民银行联合起来，共同组成了中国人民银行的基础。10月6日，华北财经委员会成立，董必武任主任，在华北财经委员会第一次会议中，正式确定1949年1月1日作为中国人民银行成立的时间。

1948年11月，东北全境解放，淮海战役正处于激烈战斗中。此时，各解放区货币不统一的问题更加突出，给全国解放战争带来不便。为此，中共中央决定把中国人民银行的成立时间提前至1948年12月1日。11月22日，董必武签发了成立中国人民银行发行统一货币的训令。12月1日，中国人民银行在石家庄正式成立。

（二）第一套人民币的设计与印制

实际上，在中国人民银行成立之前，人民币的设计工作就已经着手进行了。1947年秋天，董必武在南汉宸的陪同下，专门来到河北省阜平县南峪村，考察了晋察冀边区银行印钞厂的生产现状，深入了解造纸、制版、印刷等印钞流程与设备使用情况。

当时，在全国几大解放区中，东北解放区的印钞实力最强，他们拥有比较先进的凹印机，可以印制图案比较精细的票币。其余的解放区大都只有胶印机，有的甚至还停留在石印生产水平。董必武深知：人民币作为统一性的全国货币，无论是数量还是质量，都必须有较高要求。因此，中央财经办事处决定先将人民币的设计、印刷工作交由离华北财办较近的晋察冀边区银行和印制能力较强的东北印钞企业负责。

1947年10月，华北财办的同志拟定了人民币的票面结构、面值、图案、版式以及使用纸张等具体问题，南汉宸还请董必武题写了“中国人民银行”（图一二四）行名，以便在新币上使用。一开始，董必武拒绝了，他表示自己的字不太好，可以请林伯渠、徐特立、朱德等人来题写。南汉宸又说：“您的书法功底深厚，在延安时您的字就被人们称道，现在您又是华北财经办事处的主任，请您来写，是顺理成章的事情。”在南汉宸的再三请求下，董必武答应下来，他感叹说：“‘中国人民银行’，这几个字可值千金啊！百余年来，中国人民一直深受三座大山的压迫，现在眼看全国革命就要胜利了，我们也有了自己的国家银行，发行全国统一的货币，这是人民的银行，这是人民的货币，这可是一件大事啊！”很快，董必武就写好了行名，同时还多写了“元角分”，以及大写的“壹贰叁肆伍陆柒捌玖拾佰仟萬”等字。我们现在看到的第一版人民币上的行名以及面值、时间等字样，都是董必武的书法。

图一二四 董必武题写的行名

据记载，第一套人民币的具体设计工作由晋察冀边区印刷局的王益久和沈乃镛两位同志承担。当接到任务之后，他们便在河北省阜平县一家民房里开始了紧张、艰苦的工作。当时，阜平县正逢大雨，民房漏水，而且还要时刻警惕国民党飞机的轰炸。第一套人民币就是在这样艰苦的环境下设计出来的。

在人民币的设计稿中，原本计划印上毛主席头像，后来毛主席坚决不同意。于是，董必武找来南汉宸等同志一起商量，后来大家建议改用解放区工业、农业生产的图案。这个提议得到了中央的同意。很快，王益久和沈乃镛就设计出来了新的样稿，图案包括种植、灌溉、放牧、工业生产、火车飞机等运输工具，很好地反映出解放区如火如荼的生产、生活场景。（图一二五、一二六）

与此同时，财经办事处先后从各地调集了大批印钞纸和油墨等原料，做好了相应的物资准备。经中央同意，中共东北局、东北银行开始承担人民币500元和1000元券的印制工作，佳木斯东北银行印钞厂负责具体承印事宜。小面额票币则在华北地区印刷。

经过前期的积极筹备，人民币的发行工作已经准备到位。1948年12月1日，中国人民银行宣告成立的同时，第一套人民币正式进入流通领域。

（三）第一套人民币的发行与流通

第一套人民币共有12种面额，62种版别，但是它们并不是同时发行的。实际上，在12月1日当天仅发行了十元、二十

图一二五 第一套人民币十元券

图一二六 第一套人民币五十元券

元、五十元券三种。

1949年1月，一元券、五元券、百元券发行，这些券由天津人民印刷厂印制而成。此后，随着沈阳、天津、北平、上海等大城市相继解放，一座座大型印钞厂与印钞企业转入人民政府手中，人民币的印制进入了快速发展阶段。当时，全国还未全面解放，人民解放军继续南下，不仅需要大量人民币支援解放战争，而且人民币对于恢复解放区的市场经济具有重要意义。为此，负责印制人民币的工厂日夜开工，工人们以强烈的主人翁意识参与到劳动竞赛中，他们坚信“解放军打到哪里，人民币就要送到哪里”。

自人民币发行以来，它就被确立为本位币。正如1948年12月1日华北人民政府发布的金字第四号布告称：“为适应国民经济建设之需要，特商得山东省政府、陕甘宁晋绥两边区政府同意，统一华北、华东、西北三区货币……于本年十二月一日起，发行中国人民银行钞票（简称新币），定为华北、华东、西北三区的本位货币，统一流通。”此后，人民币逐步成为全国性的统一货币。

当然，人民币对原解放区货币的收兑工作也不是一蹴而就的。为了从根本上保障人民群众的利益，尽量减少人民财产的损失，中国人民银行按照合理的市场价格，确定了一套不固定的兑换比率。如在华北、华东地区，1元人民币可以兑换冀南币、北海币100元，晋察冀边币1000元；而在西北地区，1元人民币则可兑换2000元西北农民银行币。在解放军建立中原经济区后，1元人民币可以兑换3元中州农民银行币。

1949年春，中国人民银行总行迁入北平，人民币随着解放军继续南下，收兑工作仍在继续。1949年底，在华南地区，南方人民银行币1元可兑换人民币250元。人民币的收兑工作一直持续到1951年，该年3月，人民币完成了东北地区市场货币的收兑工作，当时1元人民币可以兑换9.5元东北银行币。11月，新疆地区的货币兑换工作完成，1元新疆银元票兑换人民币350元。至此，人民币成为新中国唯一的法定本位币，流通全国。

自1926年湖南农民协会开始发行第一张兑换券以来，中国共产党经过多年奋斗，不断积累货币发行经验，终于在1948年发行了第一套人民币，实现了全国货币制度大统一的历史转变。此后，中国建立了独立自主的货币制度，掌握了外汇主权，使国家的经济走向了快速腾飞的道路！

金融往事：人民币上的行名都是董必武题写的吗？

之前我们曾讲到，在中国人民银行筹建时期，董必武亲自题写了“中国人民银行”六个字，并使用在第一套人民币各券别之上。但是，读者或许会提出一个疑问：对比自己手中的新版人民币（现在使用的是第五版人民币）就会发现，新版人民币上的“中国人民银行”六字和第一套字体不同，难道又换人题写了行名？确实如此。第二套人民币上的题字，是由马文蔚同志题写，而且一直延续使用到今天。也就是说，自第二套人民币到第五套人民币，上面的题字均由马文蔚书写。这里面有什么故事呢？让我们细细道来。

1950年初春，我国政府决定设计发行第二套人民币，以适应新中国成立后国民经济迅猛发展的需要。设计工作开始后，由中国人民银行印刷局副局长王显周负责组织中央美术学院罗工柳和周令钊设计人民币图案，由中国人民银行第一任行长南汉宸负责征集人民币题字。南行长对于票面上几个字的书写颇费心思，是继续沿用董必武写的楷书呢，还是请人再写？南汉宸因此请示了周恩来总理。周总理说，钞票代表一个国家的形象，马虎不得。

4月的一天，南汉宸叫人把在经济研究室（后改为计划处）工作的研究员马文蔚请到办公室。南行长拿着一支从故宫借来的御笔说：“你看这支笔好用不好用？”马文蔚一看是十分珍贵的宫廷毛笔，便说：“真是好笔呀！”他拿起笔来试了几下说：“不习惯，还是用自己的笔好使。”南汉宸说：“你写几个字怎么样？”马文蔚这才注意到，书案上早已摆好了端砚、白宣纸和各色虎皮宣纸。马文蔚问：“写什么呢？”南汉宸说：“就写咱们银行的几个字吧。”马文蔚于是回到自己的办公室拿来毛笔，按照南汉宸的意思写下了好几组“中国人民银行”及元角分壹贰叁伍拾等汉字，用的宣纸是南汉宸剪成四方块的天蓝色虎皮宣纸。写完后，南汉宸对马文蔚说：“文蔚，选几个你认为写得好的字。”马文蔚说：“写得不好，选什么呀！”

其实，马文蔚已经对南行长的用意心照不宣，他已意识到自己写的字有可能作为人民币上的用字，但他不可能再说什么。人民币设计的整个过程是非常保密的。令人没有想到的是，马文蔚为了国家而保守这个秘密整整三十年。

马文蔚当时并非知名的书法家，但南汉宸却十分敬重他。1942年在重庆，马文蔚从“四联总处”调任中央信托局人事司甄核科主任。他因办事认真，生性耿直，得罪了“名贤派”，只干了半年，就被孔祥熙免了职。后来，孔又派人找到了马文蔚，希望他回来再干。因为马文蔚曾写过一些很有见地的研究大后方财政的调查报告，孔祥熙很赏识。但孔没有想到的是，马文蔚并不买他的账，“我再也不敢在你手下做事了！”一句话就把孔给顶了回去。此事在战时的重庆为人传颂，当时南汉宸正在重庆做地下工作，听到后对自己的这位山西老乡感到非常敬佩。丢了职务的马文蔚一直赋闲在北平，直到解放后，经人介绍来到了刚刚组建不久的中国人民银行。南汉宸一见马文蔚，还提起了他当年顶撞孔祥熙的事。

马文蔚于书法造诣颇深，他的汉隶具有独创性，既有隶书的神韵，又有魏碑的气度。南汉宸慧眼识才，从让名不见经传的马文蔚书写人民币票面汉字这件事上，可以窥见南汉宸不愧为我党杰出的财政金融家和社会活动家。

参考文献

[1] 中国钱币大辞典编纂委员会：《中国钱币大辞典·革命根据地编》，北京：中华书局，2001年。

[2] 马飞海，吴筹中，张瀛：《中国历代货币大系·新民主主义革命时期人民货币》，上海：上海人民出版社，1989年。

[3] 中国人民银行金融研究所、财政部财政科学研究所：《中国革命根据地货币》，北京：文物出版社，1982年。

[4] 许树信：《中国革命根据地货币史纲》，北京：中国金融出版社，2008年。

[5] 周士敏、马宪玉、贾章旺：《中国革命根据地货币总表》，北京：中国金融出版社，2017年。

[6] 罗华素、廖平之：《中央革命根据地货币史》，北京：中国金融出版社，1998年。

[7] 罗开华、罗贤福：《湘赣革命根据地货币史》，北京：中国金融出版社，1992年。

[8] 周逢民：《东北革命根据地货币史》，北京：中国金融出版社，2005年。

[9] 杨世源：《晋绥革命根据地货币史》，北京：中国金融出版社，

2001年。

[10] 赵宁夫：《中原革命根据地货币史》，北京：中国金融出版社，2005年。

[11] 吴平：《华南革命根据地货币史》，北京：中国金融出版社，1995年。

[12] 山东省钱币学会：《山东革命根据地货币史》，北京：中国金融出版社，2009年。

[13] 袁远福、巴家云：《川陕革命根据地货币史》，北京：中国金融出版社，2003年。

[14] 江苏省钱币学会：《华中革命根据地货币史（第一分册）》，北京：中国金融出版社，2005年。

[15] 安徽省钱币学会：《华中革命根据地货币史（第二分册）》，北京：中国金融出版社，2000年。

[16] 浙江省钱币学会：《华中革命根据地货币史（第三分册）》，北京：中国金融出版社，2004年。

[17] 内蒙古自治区钱币学会：《内蒙古革命根据地货币史》，北京：中国金融出版社，2007年。

[18] 李实：《陕甘宁革命根据地货币史》，北京：中国金融出版社，2003年。

[19] 洪荣昌：《红色货币：中华苏维埃共和国国家银行发行货币版别研究》，北京：解放军出版社，2011年。

[20] 戴建兵：《金钱与抗日战争》，北京：人民文学出版社，2016年。

[21] 马德伦：《中国名片：人民币》，北京：中国金融出版社，2010年。

[22] 赵子平：《探寻内蒙古金融史的红色记忆》，《北方金融》2021年第7期。

[23] 高翠：《山东解放区假票研究》，《中国国家博物馆馆刊》2015年第3期。

[24] 贺传芬、徐建磊：《抗日烽火中的鲁西银行》，《中国金融》2020年第16期。

[25] 尹继志：《解放战争时期的中州农民银行》，《中国金融》2021年第13期。

[26] 郭晓东：《冀南银行：新中国金融的摇篮》，《中国金融家》2021年第7期。

[27] 陈伶俐、林敏、祝正顶：《鄂豫皖革命根据地货币印造与防伪探讨》，《武汉金融》2011年第12期。

[28] 魏协武、魏诏、苗春燕：《陕甘宁革命根据地货币的特点和历史地位》，《西安金融》2004年第12期。

[29] 王永成：《解放战争时期东北解放区的货币发行与统一》，《党史纵横》1988年第4期。

[30] 朱清华：《江淮银行及其纸币》，《中国钱币》2017年第5期。

[31] 王建国：《华中抗日根据地的货币斗争》，《军事历史研究》2015年第4期。

[32] 杨槐：《红色货币中多彩的拼音文字——以湘赣闽、鄂豫皖、晋察冀根据地流通货币为例》，《中国钱币》2021年第3期。

[33] 张燚明：《抗战期间国民政府对中共晋察冀边币的应对与处理》，《抗日战争研究》2014年第2期。

[34] 孙守源、季评：《北海银行的创建及其最初印发的纸币》，《中国钱币》1993年第2期。

[35] 王倩：《抗战时期的延安光华商店》，《中国金融》2022年第3期。

后 记

2021年10月的一天，我接到了岳麓书社李郑龙先生的电话，郑龙兄告知：岳麓书社计划出版一部反映红色货币发展历程的通俗读物，出版社想邀请我来主笔，完成这部书的写作，故来电征求意见。我想了想，便答应下来。

说句心里话，对于撰写普及性文章，我之前一直是比较抵触的。原因很简单：其一，普及性文章只不过是把学界已经形成的认识，以一种更加通俗的形式讲述出来，故创新性不高，对于学术研究推动不大。其二，普及性文章既不好写，完成之后又很难得到学界认可，所以大多数学者都不愿意承担此类工作。

后来有两件事逐渐改变了我的想法。读博期间，《中国收藏》杂志社聘请我做编委，主编陈念先生多次表示，希望我能面向大众，就历史货币领域撰写一些内容有趣、可读性强的普及性文章。我尝试写了几篇，没想到刊发后得到了多方好评，有不少读者通过各种方式联系到我，对文章表示极大的肯定与赞扬。读者的支持对我是一种莫大的鼓励，此后我便坚持了下来，并且直到今天还在为《中国收藏》等多种杂志撰写普及性文章。

三年前，我受相关金融部门邀请，开始为郑州、洛阳等地多家银行开设货币文化系列讲座，参与的听众大都是银行内部职员，或是市民群众。对于他们而言，可能缺少相关的知识储备，甚至不少人此前都没有见过古钱。于是，我在讲述时便将各类知识点转换成历史趣事，并且尽量不使用专业术语。令我惊讶的是，听众们的参与热情非常之高，自讲座开设以来，几乎每场都要提前预约才能抢到座位。其中有一位小学生令我印象深刻，由于我们的活动面向多家支行举办，授课地点经常变更，但这位小学生在他父亲的带领下，一直参与我们的活动，从未缺席。也正是从那时起，我开始改变自己的想法，似乎更加愿意将自己读到的书、学到的知识、收获的心得分享给大家。

本书能够顺利出版，首先要感谢岳麓书社的鼎力支持，郑龙兄一流的编辑水准保障了全书的质量。其实学界很少有人知道，郑龙兄还是一位钱币收藏达人，我俩有着共同的喜好，所以既是学友又是泉友。白秦川老师的加入，使书稿的写作进度大为加快，我们分章撰写，最后由我统一定稿。感谢家人的支持与理解，你们是我不断进步的动力源泉！另外，本书所用图片，一部分是我个人收藏，当然更多的来自博物馆藏品和各大拍卖网站，在此特别说明。

2018年10月21日，爷爷朱鸿儒永远离开了我。爷爷参加过淮海战役，经历了革命战争的生死考验，但是他生前却很少向别人提起那一段往事。爷爷走后，我时常想念他，特别是在撰写书稿期间，脑海里经常会浮现他的身影。谨以此书，献给每一位舍生忘死、心向黎明的革命前辈！

朱安祥

2022年4月14日

记于河北师范大学新校区

图书在版编目(CIP)数据

红色货币简史/朱安祥,白秦川著. --长沙:岳麓书社,2024.11--ISBN 978-7-5538-2175-7

Ⅰ. F822.9

中国国家版本馆 CIP 数据核字第 2024ZK1870 号

HONGSE HUOBI JIANSHI

红色货币简史

作　　者:朱安祥　白秦川

出 版 人:崔　灿

责任编辑:李郑龙

责任校对:舒　舍

封面设计:东合社—安宁

岳麓书社出版发行

地址:湖南省长沙市爱民路 47 号

直销电话:0731-88804152　0731-88885616

邮编:410006

版次:2024 年 11 月第 1 版

印次:2024 年 11 月第 1 次印刷

开本:710mm×1000mm　1/16

印张:17

字数:191 千字

ISBN 978-7-5538-2175-7

定价:88.00 元

承印:湖南天闻新华印务有限公司

如有印装质量问题,请与本社印务部联系

电话:0731-88884129